풍류신학자 유동식 생각 읽기

풍류신학자 유동식 생각 읽기
— 한국 문화와 토착화 선교에 대한 탐구

2026년 3월 11일 처음 펴냄

지은이   박철호
펴낸이   김영호
펴낸곳   도서출판 동연
주 소   서울시 마포구 월드컵로 163-3
등 록   제1-1383호(1992. 6. 12.)
전화/팩스   02-335-2630/ 02-335-2640
이메일   yh4321@gmail.com
인스타그램   instagram.com/dongyeon_press

ISBN 979-11-7611-010-5 03200

풍류신학자
유동식 생각 읽기

한국 문화와 토착화 선교에 대한 탐구

박철호 지음

동연

풍류신학자 유동식 생각 읽기를 발간하며[*]

한국교회의 목회자들에게 목회에 필요한 조사 통계를 제시하는 '목회데이터연구소'라는 기관이 있다. 이 기관에서는 2019년 6월부터 무료로 주간 통계 리포트인 「넘버즈」를 배포하고 있다. 2022년부터는 1년간의 통계 결과를 분석해서 이듬해의 한국교회에 나타날 현상을 예측하는 『한국교회 트렌드』를 발간하고 있다. 최근에도 『한국교회 트렌드 2026』이 발간됐다.

금번에 발간된 보고서에 따르면 열 가지를 키워드로 제시하고 있는데, 이 중 6번째 항목으로 "한국인의 심층 의식에 자리 잡은 무속, 그 무속에 빠지는 그리스도인의 심리와 행태"라는 설명이 달린 "무속에 빠진 그리스도인"이라는 키워드가 등장한다. 이 키워드에 해설을 쓴 정재영 교수(실천신학대학원대학교)에 따르면, 일반 국민이 심리적 안정을 찾기 위해 무속 행위를 한다는 것이다.

---

* 이 글을 읽기 전에 부록 끝에 있는 "선생님, 26년 만에 찾아뵈어 정말 죄송합니다"라는 글을 먼저 읽어보신다면 故 유동식 교수님과 필자와의 사제관계를 잘 알 수 있습니다.

"최근 MZ세대가 무속에 빠져들고 있는 이유 가운데 하나는 무속에 대한 부정적인 인식이 강하지 않고, 오히려 전통문화나 신앙으로 받아들이면서 요즘 유행하는 레트로 감성과도 통한다고 보기 때문이다. 무속과 가장 친화성이 높은 불교에 대해 MZ세대가 호감을 보이는 것도 같은 이유로 설명될 수 있다. 무속을 통해 얻고자 하는 것 역시 '마음의 위안/걱정의 감소'(68.4%)가 가장 많아서 심리적 효과가 적지 않음을 알 수 있다."[1]

이러한 상황에서 기독교인들조차 무속에 빠지게 되는 원인으로, 교회를 다니면서도 겪게 되는 외로움과 그것을 해소할 상담이 이뤄지지 않고 있다는 점을 들고 있다.[2] 그리고 다음과 같이 원인과 대책을 제시하고 있다.

"많은 성도들의 종교적 심성에 민족 고유의 무속신앙이 자리 잡고 있기 때문에, 기복과 기독교 신앙이 혼합되어 있는 양상이다. 신자들은 기복 신앙에서 벗어나 하나님 나라를 소망하며 사는 것이 기독교인들이 따라야 할 유일한 가치임을 명심해야 한다."[3]

이러한 분석 자료를 보면서 갑자기 왜 한국교회의 2026년의 10대

---

1 지용근 외 10인, 『한국교회 트렌드 2026』(규장, 2025), 200.

2 앞의 책, 208-210.

3 앞의 책, 214.

트렌드 중 '무속 쏠림 현상'이 발생하고 있는지 의문이 생겼다.

　이 책의 부록에 담긴 "기독교 선교 초기의 타종교와의 관계에 대한 한 연구 ― 인천 지역 감리교회의 선교를 중심으로"에 따르면, 인천 지역의 선교 담당자였던 존스 선교사는 샤머니즘이 한국인들에게 죄의식을 잃게 만든다고 평가하고, 샤머니즘에 대해 상당한 적대감을 갖고 타파해야 할 대상으로 삼았음을 알 수 있다. 기록에 따르면, 선교사들은 집안의 신줏단지를 파괴하는 행위를 기독교로의 개종 징표로 삼았다.

　그런데 『한국교회 트렌드 2026』의 분석을 보면, 100여 년의 시간이 흘렀는데도 여전히 한국교회의 교인들에게서 샤머니즘에 빠진 교인들의 모습이 드러나고 있다는 것이다. 기독교에 의해서 샤머니즘이 소멸되었다고 믿고, 또 그렇게 알고 있었는데, 현실은 전혀 그렇지 않은 것 같다.

　이 의문에 대한 답을 찾기 위해 약 35년 전, 1991년 8월에 쓴 대학원 석사 논문[4]을 다시 찾아보게 되었다. 당시 논문의 주제인 유동식 교수님은 2022년 10월 18일, 소천하셨다. 유동식 교수님은 평생을 '크리스천으로서의 한국 문화에 대한 애착과 선교적 관심'으로 요즘 회자되고 있는, 한국 무속의 원형이라고 할 수 있는 한국 무교를 연구하여, '기독교의 로고스와 동양 종교의 도가 창조적으로 만난 풍류신학'을 한국교회의 신학으로 제시한 바 있기 때문이다. 유동식 교수님이 제시하는 풍류신학이 오늘

---

4 박철호, "유동식의 신학사상 연구 ― 풍류도와 한국신학의 접목 가능성을 중심으로," 연세대학교 연합신학대학원, 석사학위 논문, (1991. 8.).

한국교회가 처한 현실을 이해하고, 그 해소 방안으로 제시될 수 있다고 생각되었다.

그래서 약 35년 전 석사학위 논문을 부분적으로 첨삭하여 알맹이만 책으로 펴내고자 했다. 이제 60세를 넘겨 약 35년 전 글을 다시 보려고 하니 창피할 따름이다. 그래도 용기를 내어 책으로 엮은 까닭은 유동식 교수님으로부터 직접 지도를 받은 논문이라는 점 때문이다.

논문을 작성할 당시 선생님은 연세대학교 신학과를 정년 퇴임하신 이후였지만, 정동제일교회 역사를 쓰기 위해 사회관에 사무실을 두고 계셨는데, 찾아뵐 때마다 무지에서 비롯된 질문에도 토론을 마다하지 않으셨다. 내용이 무엇인지도 모르면서 던진 질문에도 일일이 자신의 생각을 다 전해주셨다. 이후, 제본된 석사 논문을 드렸더니 "철호가 고생했다" 하시면서 당신의 생각을 잘 정리해 주어서 고맙다는 말씀도 해주셨다. 웃음을 지어 주신 유동식 선생님의 환한 얼굴 모습이 지금도 선명하다.

위키백과에는 유동식 선생님을 "백수를 누린 평신도 예술 신학자"로 소개하고 있다. 「조선일보」는 부음을 통해 "유불선 통합한 '풍류신학'의 개척자"로 제목을 달았다. '무속에 빠진 그리스도인'이라 규정한 키워드를 보면서, 유 선생님을 뒤이어 '풍류신학'을 전파할 전도사들이 필요한 시점이라 생각된다.

유동식 선생님께서 하늘 나그네가 되신 지 3년이 되어 가면서 이러한 저간의 사정을 도서출판 동연의 김영호 선배님께 말씀드렸더니, 논문을 한번 보자 하시고는 이렇게 아름다운 책으로 만들어 주셨다. 35년여 전의 석사학위 논문이라, 글을 새로 입력하고 다듬느라 시간과 비용이 더 들었을 텐데도 그 수고를 기꺼이 감수해 주셨다. 김영호 선배님과 편집부 직원들께도 감사의 인사를 드린다.

2026. 2.

박철호

감사의 글

'유동식의 신학 사상 연구'를 발간하며

연세동산을 통해 신학의 길에 들어선 지 벌써 십 년 가까이 흘러갔습니다. 부족한 모습으로 연세동산에서의 배움을 마무리하고자 합니다. 1982년 봄 신입생 오리엔테이션의 강연회장에서 뵌 유동식 선생님의 모습을 잊을 수 없습니다. 그 기억이 이 논문의 주제가 되었습니다. 새로운 저술로 바쁘신 와중에도 보잘것없는 본 논문을 손수 읽어주시고, 고칠 곳을 지적해주신 선생님께 감사드립니다. 연세동산에서의 신학 수업 동안 많은 가르침을 주신 문상희 교수님, 한태동 교수님도 잊을 수 없습니다. 특히 본 논문을 지도해주신 김광식 교수님의 가르침 또한 잊을 수 없을 것입니다. 교수님의 토착화신학에 관한 많은 연구 결과는 본 논문의 주제를 연구함에 있어서 아주 중요한 안내도가 되었습니다. 본 논문이 논문으로서의 체계를 갖출 수 있도록 예리한 가르침을 주신 김중기, 김균진 교수님 두 분께 감사드립니다. 연세동산에서의 모든 배움과 경험 그리고 감동은 오래도록 기억되고 간직될 것입니다.

깊은 사랑과 기도로 보잘것없는 인생을 사람 되라고 지금껏 키워주신 어머님께 머리 숙여 감사드립니다. 어려운 형편에서도 재정적 후원을 아끼지 않으신 숭의교회 이호문 목사님께 또한 감사드립니다. 숭의교회 선교국 어른들의 보살핌 또한 잊을 수 없습니다. 이제 고개 들어 다시 새로운 걸음을 내디뎌야 할, 일할 현장을 바라봅니다. 일할 현장으로 나아가야 함은 연세동산에서의 배움을 실천하는 것이고, 사랑을 베풀어준 분들께 대한 미력한 보답이라고 생각합니다.

1991년 6월

연세대학교 연합신학대학원 조직신학 전공

박철호

차 례

부록

1장

‘유동식 생각 읽기’를

시작하며

I. 한국 종교 사상과 기독교의 만남과 결합 가능성

오늘 한국 개신교의 전래 역사는 100여 년을 헤아리게 되었다. 그 역사는 선교사들의 복음 전도에 대한 헌신과 열정의 기록이기도 하지만, 일면 복음을 받아들인 한국 기독교인들의 주체적 자각과 희생의 결과이기도 하다. 일반적으로 외국에 유학하여 신학 수업을 받은 신학자의 출현을 1930년대로 그 기점을 삼는다면[1] 이제 그 역사도 두 세대의 매듭을 짓는다고 할 수 있겠다.

신학은 분명 서양의 학문임에 틀림없다. 철학에 있어서는 서양 철학과 동양 철학의 구분이 확실한 데 반하여, 신학에 있어서는 아직 그러하지 못한 게 사실이다. 최근에 들어서 '제3세계 신학'이라는 용어는 아주 많이 거론되고 있지만, 이것은 철학에 있어서의 구분과 같은 방식이 아니다. '동양 철학'처럼 '동양 신학'이라는 용어는 한국 신학계에 잘 쓰이지 않는 단어임에 틀림없다. 김광식은 1971년의 한 논문에서 '동양 신학'이라는 용어를 사용하고 있다. 김광식은 단지 지역적 차이만을 고려하여 동양과 서양의 신학을 구분한 것이 아니라 사유의 형태를 서지(西智: Western Wisdom)와 동도(東道: Eastern Way)를 구분해서 동도와 관련된 것을 동양 신학으로 이해했다.[2] 그러나 김광식도 이 이후로는 '동양 신학'이라는

---

1 1930년대를 기점으로 해서 외국에서 신학 수업을 하고 귀국한 신학자들이 상당수에 이르게 된다. 여기에 그 이름만을 들어보면 다음과 같다. 남궁혁, 백낙준, 박형룡, 송창근, 채필근, 김재준, 윤인구, 박윤선, 변홍규, 정경옥, 유형기, 김인영, 김창준, 이환신, 정일형, 갈홍기 등이 있다. 유동식, 『한국신학의 광맥』 (서울: 전망사, 1984), 134.

용어를 사용하지 않는다.

우리는 이러한 신학의 용어와 관련해서 '한국적 신학'이라는 단어를 최근 들어 많이 접하고 있다. 한국교회가 지닌 문화적 전통과 역사적 특수성을 배경으로 해서 형성되는 신학을 일컫기 위하여 '한국적'이라는 단어를 신학과 결합시킨 것이다. 분명 서양에서 전래된 신학을, 한국교회를 배경으로 하여 흡수하고 형성, 발전시킨 신학은 한국적 신학이라 이름해야 할 것이다. 김용옥은 "아시아신학 속의 한국신학"이라는 제목의 글에서 한국 신학의 과제로, "주체성, 창의성, 미래 지향성을 뚜렷한 성격으로 삼는 신학의 수립"[3]을 제시하고 있다. 이와 관련하여 김용옥은 기존의 한국 신학의 문제가 한국 재래의 전통적 문화와 사상에 입각하여 기독교를 한국적으로 재해석하자는 움직임과 한국의 현실적인 상황 속에서 기독교의 의미를 찾자는 주장으로 두 갈래의 방법으로 논의되어 왔다[4]고 밝혔다. 김용옥의 이러한 분석은 전자가 '토착화신학'을, 후자가 1970년대부터 제기되는 '민중신학'을 염두에 두고 행해진 것임에 틀림없다.

김광식도 이와 관련해서 동일한 분석을 보여주고 있다. 김광식은 토착화신학과 민중신학은 한국 신학의 과제를 분명히 보여주고 있는 것으로, 전자는 우리가 물려받은 문화적 유산을 창조적으로 발전시켜 나가야

---

2 김광식, "신학의 변형과 동양신학의 제문제," 「기독교사상」(1971. 6.): 103-115.

3 김용옥, "아시아신학 속의 한국신학," 기독교사상 편집부 편, 『한국의 신학사상』(서울: 대한기독교서회, 1983), 44.

4 *Ibid.*

할 것이고, 후자는 이 시대에 대하여 책임 있는 그리스도의 증인이 되어야 할 것[5]이라고 밝히고 있다.

이 책은 두 교수의 분석에서 제기되는 바처럼, 한국 재래의 전통적 종교 문화와 사상에 입각하여 전래된 기독교를 한국적으로 이해하여 그것을 한국의 정신사에 옮기려고 노력하고 있는 유동식의 학문적 성과를 분석하고 검토하여, 그의 신학 사상을 연구함을 목적으로 한다. 유동식의 신학 사상에 있어서, 한국 재래의 전통적 종교 사상이 어떻게 기독교사상과 만나고 있는가에 대한 분석과 검토를 통해서 그 내용이 무엇인가를 알아보는 것이 이 책의 주제이다.

유동식의 신학 사상의 연구에 있어서 필자는 두 가지 핵심적인 문제에 주목할 것이다. 하나는 표면에 드러나 있는 외면적이고 보다 쉽게 이해할 수 있는 연구 주제이다. 그의 신학 사상에 있어서, 재래적이고 전통적인 한국 종교 사상과 기독교의 핵심이라 할 수 있는 복음과의 만남과 결합 가능성이 어떻게 시도되고 있으며, 왜 이 같은 시도를 하는가 하는 문제의식들을 검토하는 것이다. 이 연구 주제는 기존의 유동식의 신학 사상의 연구에서 나타나는 단편성과 자의적 해석이라는 연구의 제한된 폭을 넓히고자 하는 것이다. 이를 위해서는 그의 신학 사상의 형성 과정과 내용이라는 전체성을 파악하기 위한 노력이 제기되어야 한다. 다른 하나는 그 배후에 있는 단지 암시적일 뿐이고, 결코 만족스럽게 해결되지 않는

---

5 김광식, "타종교의 대화와 토착화 신학," 『토착화와 해석학』 (서울: 대한기독교출판사, 1987), 131.

연구 주제이다. 유동식이 말하고자 하는 그 신학적 내용들이 "우리의 현실 속에 어떻게 살아있는 지식으로 도달할 수 있는가" 하는 보다 복잡한 문제이다. 필자의 이러한 의도에도 불구하고 후자의 문제는 이 책을 통해서 제기되는 문제로 남아있게 된다.

II. 연구의 방법과 범위

유동식의 신학 사상을 연구함에 있어서 사상 형성의 주요 요인은 무엇이며, 그 사상의 내용을 이해할 수 있는 이해의 기준점을 어떻게 포착할 수 있는가가 이 책의 연구 목적과 주제를 이루어내는 데 있어서 중요한 연구 방법이 된다. 또한 이것은 기존 연구가 보여주는 한계를 넘어서서 그의 신학 사상의 전체성을 파악할 수 있게 하는 방향을 설정해 준다.

이를 위해서 먼저 2장에서는 "유동식의 신학 사상을 검토하기 위하여 그의 신학 사상의 형성 과정"을 살펴보기로 한다. 그의 신학 형성을 살펴보기 위해서 먼저 그의 신학 수업의 과정과 그와 관련된 인생의 경험, 문제의식들을 연구 범위로 하여 검토하고자 한다. 이 부분은 유동식이 일정한 사회적, 지적 상황을 경험하면서 대응하는 방식을 탐구하고, 이 방식들을 통해서 유동식 사상의 전체적 움직임을 개관하려고 한다. 일반적으로 사상 연구가 이미 익어 떨어진 열매를 주워 모아 분류하는 작업이라면, 이 부분은 유동식이라는 과일나무에 열매가 열리는 과정을 연대기적으로 밝히고자 하는 것이다. 그래서 전기적 요소를 중시하고, 관심의 방향을 움직이게 한 지적, 시대적 배경에 중점을 두고자 한다. 이러한 연구 방법은 유동식 신학 사상 연구에 있어서 신학 형성의 전 과정을 현실감 있게 밝혀내고자 하는 필자의 의도를 반영하고 있다.

3장 '토착화신학과 무교 연구'에서는, 먼저 1960년대 유동식의 신학 사상을 중심으로 해서 제기된 토착화 논쟁의 배경과 논쟁의 과정 그리고 유동식의 토착화론의 내용을 구성시켜 주고 있는 사상적 배경과 그의 토착화론을 살펴보기로 한다. 그리고 나서 1960년대 토착화 논쟁의 한계와 이를 극복하기 위한 그의 노력을 살펴보고자 한다. 이와 함께 유동식이 그의 신학 사상의 완결로서 풍류신학을 제시함에 있어 '풍류도'라는 명명을 따르는 그 동기와 근거를 확인하고자 한다. 이와 관련해서 한국 무교에 대한 유동식의 연구를 살펴보고자 한다.

4장 '풍류신학의 구상과 한국 신학사 연구'에서는, 유동식이 제기하는 풍류신학의 전모를 파악하기 위하여, 먼저 풍류도가 그의 신학적 사유에 도입되는 과정을 살피고자 한다. 신라 종교의 성격에 대한 최치원의 해석과 이해의 결과로써 붙여진 '풍류도'라는 명명을, 유동식이 그의 신학 용어에 도입하는 데는 풍류도에 대한 해석학적 문제가 제기된다. 풍류신학의 형성을 전제로 한 풍류도에 대한 그의 이해와 분석은 따라서 해석학적일 수밖에 없다. 그의 이러한 과정을 검토하는 데 있어 이 책은 풍류도와 풍류신학의 구조 및 전개를 '풍류신학의 구상'이라는 소제목으로 파악하고자 한다. 그리고서 유동식의 『한국신학의 광맥』에 나타난 한국 신학 사상의 분류와 여타 토착화신학에 대한 그의 평가를 살펴보고자 한다. 풍류신학의 구상과 시도 이후에 유동식은 역사 서술에 주력하고 있는데, 그 이유와 동기를 살펴보고자 하는 것이다.

3장과 4장은 유동식의 신학 사상을 먼저 1960년대 '토착화 논쟁의 발발과 선교신학', 1970년대 '한국 무교의 연구와 종교 · 우주적 신학' 그리고 마지막으로 1980년대 '풍류신학의 구상'으로 구성하고자 한다. 신학 사상의 검토를 이렇게 연대기적으로 밝히는 것은 필자의 의도라기보다는 유동식의 신학 사상이 연대기적으로 형성되고 있기 때문이다. 또한 그의 신학 사상 자체가 연쇄적인 발전 과정을 갖고 있다.

그리고 5장 결론에서는 유동식의 신학 사상의 간단한 연구 요약과 전망을 담고자 한다. 유동식의 신학 사상은 1980년대 이후 풍류신학으로 제시되고 있다. 그러나 이것은 그 내용에 있어서 가변적인 것이다. 그러므로 풍류신학이 신학으로서 제기되는 문제와 풍류신학이 지닌 신학적 공헌점들, 한계점들을 본 연구에서 제기하는 전망으로 검토하고자 한다.

III. 유동식 사상 연구에 대한 비평

유동식의 신학 사상에 대한 기존의 연구는 체계적으로 이루어져 있지 못하다. 그의 신학 사상 자체가 완결되지 않는 데 기인한다고 보인다. 기존의 연구는 그의 신학 사상에 대한 부분적이고 단편적인 평가에 지나지 않고 있다. 기존의 평가들의 주 관심에 따라 이러한 연구들을 크게 세 부분으로 나누어 검토하고자 한다. 유동식의 '토착화론', '무교 연구', '풍류신학 연구'를 다루는 부분들이다.

먼저 유동식의 토착화론을 부분적으로 평가하는 연구 논문들[6]로 심일
섭의 글과 김광식의 글이 있다. 심일섭은 "한국신학형성사 사설(中)"에서
1960년대 토착화 논쟁의 과정을 다루면서, 유동식의 글을 '복음의 방법론',
'복음의 토착화 원칙', '한국에 있어서의 복음 선교와 토착화 과제'로 나누어
정리하고 있다.[7] 그리고 전경연과의 논쟁을 정리하였다. 또한 김광식의
논문들 속에도 유동식의 토착화론에 대한 부분적인 검토가 이루어지고
있다. 김광식은 그의 글 "토착화 신학의 해석학적 국면에 대한 연구"에서
유동식의 저서와 논문을 소개하고 있다.[8] 또한 "1960년대 한국신학의
토착화논쟁에 대한 소론"에서 유동식의 토착화론을 논쟁의 정리 과정에서
검토하고 있다.[9]

다음으로 유동식의 무교 연구에 대한 연구로는, "한국기독교의 무교화
현상에 대한 일고 ― 유동식 교수의 연구를 중심으로"라는 석사학위 논문이
있다.[10] 그런데 이 논문은 연구 제목에서 보여주는 바처럼 유동식 무교

---

6 유동식의 연구 성과만을 연구의 제목과 주제로 삼고 있지 않는 논문들을 유동식 신학 사상
  의 연구사에 포함시켜야 하는가 하는 물음이 제기되지만 소개의 차원에서 다룬다.
7 심일섭, "한국신학형성사 사설(中)," 「기독교사상」 (1972. 12.): 108-110.
8 김광식, "토착화 신학의 해석학적 국면에 대한 연구," 「성곡논총」 16집 (1985), 194. 이 논
  문에서 유동식 연구는 논외로 하고 있다.
9 김광식, "1960년대 한국신학의 토착화논쟁에 대한 소론," 『토착화와 해석학』 (서울: 대한
  기독교출판사, 1987), 40-44.
10 안동호, "한국기독교의 무교화현상에 대한일고 ― 유동식 교수의 연구를 중심으로," 감리교
   신학대학 신학대학원 석사학위 논문, 1982.

연구의 결과물을 통해 한국교회의 무교화 현상을 논하고 있을 뿐이다.

마지막으로 풍류신학에 대한 연구로는, 먼저 서남동의 글 "사회 · 정치적 현실의 통합이 풍류신학의 과제"가 있다. 서남동은 이 글에서 제목이 시사하는 바처럼 유동식의 풍류신학의 한, 멋, 삶의 구조가 한국의 사회 · 정치적 현실에서 제기되는 사회 · 경제적 정의의 문제를 간과하고 있다[11]고 평가한다. 비교적 유동식의 신학 사상에 대한 전반적 검토를 통해 그의 신학 사상을 재구성하고자 하는 글이 1985년 박성(Andrew Sung Park)에 의해 "현 한국의 민중과 풍류신학: 비판적 비교연구"(Minjung and Pungryu Theologies in Contemporary Korea: A Critical and Comparative Examination)라는 제목의 박사학위 청구 논문으로 발표되었다. 또한 1989년에는 유동식의 풍류신학에서 제시하는 '한', '멋', '삶'의 3·1적 구조를 삼일사상(三一思想)과 관련시켜 성서적 삼위일체적 신관의 한국적 모델로 가시화시키고자 하는 글이 "성서적 삼위일체 신관에 대한 동양학적 이해와 비교연구"(A Study of Understanding and Comparing of Biblical View of Trinity from Orientalism)라는 제목으로 강성기(Sung Kie Kang)의 박사학위 청구 논문으로 발표되었다.

먼저 박성의 논문은 제목이 시사하는 바처럼, 유동식의 풍류신학과 서남동 교수의 민중신학을 형성의 기원과 죄의 개념, 구원의 개념, 기독론에 대한 비교와 대조 그리고 조직신학적 비판을 논문의 결론으로 삼고 있다.[12]

---

11 서남동, "사회 · 정치적 현실의 통합이 풍류신학의 과제,"「교회와 세계」29집 (1984년 봄), 20.

유동식의 풍류신학에 대한 연구 부분은 논문의 2장에서 다루고 있는데, 풍류의 개념, 풍류신학의 형성 기원으로서 그의 학문 여정과 선교신학, 샤머니즘의 신학(Theology of Shamanism), 풍류신학의 본격적 연구로서 풍류도의 구조, 문제의식, 방법론을 다루고 있다. 박성은 유동식의 풍류신학에 대해 다음과 같이 평가한다. "유동식의 신학 체계는 근본적으로 응집성(coherent)을 가지고 있다. 그는 한국인의 기독교 사상과 넋 빠진 한국인의 문화를 문제로 취급하고 있으며, 이를 해결하기 위해서 한, 멋, 삶의 비전을 제시한다. 그러나 이러한 문제와 해결책 사이에 있는 간격을 해소하기 위한 다리를 어떻게 설치할 것인지에 대해서 유동식은 구체적인 언급을 하지 않고 있다. 유동식은 그의 체계를 위한 방법론을 제시하고 있는데, 그의 체계에 있어서 한과 멋에서 발생하는 갈등을 해소하기 위해서 멋과 삶을 포괄하는 개념으로 한을 제시하지만, 풍류도의 근거가 멋에 기인하고 있음으로 여기서 체계상의 갈등이 발생한다. 여기에서 유동식은 멋에 기초한 자신의 체계에서 멋이 어떻게 한과 삶을 포함하는지에 대한 해명을 반드시 해야 한다. 이것이 없으면 한, 멋, 삶의 결합은 불가능해진다."[13]

다음으로 강성기는 논문의 말미에 4페이지 정도로 할애된 지면을

---

12 이 부분에 대한 검토는 이 책의 주제를 벗어나므로 논외로 하고자 한다.

13 Andrew Sung Park, "MinJung and PungRyu Theologies in Contemporary Korea: A Critical and Comparative Examination," The Faculty of the Graduate Theological Union in partial fulfillment of the requirement for the degree of Doctor of Philosopy (California: Berkeley, July 1985), 179-180.

통해, 자신이 연구한 동양 사상의 삼일사상과 기독교의 삼위일체 신관의 만남이나 이해의 예시로써 유동식의 풍류신학을 다루고 있다.[14] 강성기의 글은 풍류신학에 대한 기본적 연구나 이해 없이, '한', '멋', '삶'을 삼일사상의 신학화의 시도로 받아들이고 있을 뿐이다. 그의 신학 사상에 대한 전반적 연구는 현재 박성의 연구를 제외하고는 전무한 편이다. 이에 대한 연구가 계속 진행되어야 하겠다. 이 책은 이러한 선행 연구의 단편성과 자의적 해석을 피하고, 그의 신학 사상의 전모를 파악하고자 한다. 유동식은 1980년대에 들어서서 이른바 '풍류신학'을 자신의 신학 사상으로 전개하는데, 풍류신학은 1980년대에 갑자기 시도된 것이 아니라 그의 신학적 관심의 전 과정에서 표출된 토착화신학에 근거한 무교 연구의 결과이다. 그러므로 유동식의 신학 사상을 연구하기 위해서는 그의 문제의식과 신학적 관심 그리고 그것들을 해결하기 위한 그의 시도를 신학 형성의 전 과정을 통해서 살펴보아야 한다.

---

14 Sung Kie Kang, "A Study of Understanding and Comparing of Biblical View of Trinity from Orientalism," The Faculty of the California Graduate School of Theology in Partial Fulfillment of the Requirement for the Degree of Doctor of Ministry (Feburary 1989), 91-94.

2장

유동식의

신학 사상 형성

유동식(柳東植, 1922-2022)의 신학 형성은 그 주된 관심의 흐름과 문제의
식으로 살펴볼 때, 네 개의 단계로 구분하여 이해할 수 있다. 제1기는
1943~1955년으로, 일본 동부신학교(東部神學校) 시절과 해방 후 서울
감리교신학교의 과정 그리고 6.25 한국동란 와중에서의 교편생활 시절로
써 전쟁의 경험 속에서의 삶의 문제에 대해 관심을 보인 시기이다. 제2기는
1956~1967년으로, 미국에서의 유학 생활과 귀국 후 '초월적인 도(道)와
로고스의 만남의 문제' 그리고 '타종교에 대한 이해와 대화론'에 그 관심이
모아져 '복음의 토착화론'에 집중된 시기이다. 제3기는 1968~1978년으로,
한국 무교(巫敎)의 발견을 통하여 유동식 자신의 실존과 복음의 만남의
문제로 귀결된 시기이다. 제4기는 1979년부터 현재에 이르는 시기로,
한국적 신학으로서의 '풍류신학'을 형성하는 노정기이다.
　이러한 네 단계의 학문 여정은 그 관심에 있어서의 단절이 아니라
지속적인 축적과 발전의 과정이다. 이에 관해 유동식은 자신의 신학 형성의
전 과정에 대해서 다음과 같이 밝히고 있다.

평생의 내 신학적 과제는 기독교의 로고스와 동양 종교의 도(道)가 어떻게

창조적으로 만나느냐에 있었다고 해도 과언이 아니다. 그런데 이러한 만남

의 구체적인 가능성을 나는 한국의 풍류도 안에서 찾을 수 있었다. 풍류도

는 실로 포월적(包越的) 영성이기 때문이다. ⋯ 기독교의 복음이란 모든

사람을 구원하는 진리라는 데에 그 본성이 있다. 그러므로 복음은 마땅히

한국 전체를 구원하는 우리의 진리가 되어야 한다. 이것을 이해하고 증언

하려는 것이 한국 신학이요, 풍류신학이다. 나의 지적 편력은 풍류신학을

향한 여정이었다고 하겠다.[1]

이러한 술회에 근거해서 유동식의 신학 형성에 있어서 그 주된 관심의 방향과 신학 수업의 과정을 이미 앞에서 열거한 단계로 나누어 살펴보고자 한다.

유동식은 1922년 황해도 남천(南川)에서 태어났다. 그는 3대째의 기독교 가정에서 태어나 어린 시절에는 가문의 영향을 받아 기독교의 종교적 분위기 속에서 성장했고, 인생의 의미를 항상 추구하며 젊은 시절을 맞이하였다. 1940년 춘천고등보통학교(現 춘천고등학교)을 졸업하자마자 연희전문학교의 수물과에 입학했다. 수물과 2학년을 마칠 즈음, 계속된 인생의 깊은 의미에 대한 추구와 적성에 맞지 않는 학업에 대한 회의로 신학 수업을 하기로 작정했고, 1943년에 도일(度日)하게 되었다. 이때 이러한

1 유동식, "풍류신학으로 가는 여로," 「월간조선」 (1989. 9.), 327.

결정을 하게 된 배경에는 교회의 장로이셨던 할아버지의 영향이 지대했다.

I. 신학 수업

유동식의 학문 여정에 있어서 제1기에 해당하는 1943년부터 1955년까지의 십여 년이, 이 시대 속에 살았던 대부분의 한국 사람들에게는 전쟁으로 인한 죽음과 삶의 문제 그리고 억압과 자유의 문제가 가장 중요하게 대두된 시기였다. 이러한 문제들이 유동식의 경우에도 예외는 아니었다.

유동식은 1943년에 도일하여 일본 도쿄에 소재한 동부신학교에 입학했다. 도일 당시 일본은 1941년 발족된 도조(東條)의 전시 내각이 하와이 진주만을 기습 공격하여 미국에 선전 포고함으로써 시작된 소위 '태평양전쟁'이라는 확전으로 인해 전시 체제 속에 있을 때였다. 이와 같은 확전은 이미 1940년 9월에 조약 체결된 독일, 이탈리아, 일본의 삼국 동맹에 따른 수순의 결과였다.

이러한 군국주의적 전시 체제의 배경 속에서 당시 일본 기독교는 '비상시'라는 명목으로 1941년 30여 개의 교파 교회가 교회 합동을 단행하였다. 이에 관해서 택정언은, "교단 설립 직후에 일본 교회가 발표한 성명문은 그리스도의 주권을 믿고, 복음 전도에 전념하는 교회의 본래 모습과는 배치되게 비교회적 문구로 장식되어 있으며, 일본 파시즘에 몸을 팔아 맡긴 돌이킬 수 없는 잘못된 열심을 보여주었다"[2]라고 밝혔다. 또한 이 당시의 일본 교회의 신학적 사조는 바르트의 변증법적 신학이

주종을 이루고 있었는데, 변증법적 신학에 의해서 일본 교회는 '교회의 신학'과 '복음적 그리스도교'를 해명함에 힘쓰고, 어두운 시대를 돌파하기 위한 희망과 위로를 신도들에게 주었다. 그러나 바르트를 위시하여 변증법적 신학자가 나치의 악마적인 국가관에 도전해서 교회 투쟁으로 일관한 면은 소개되지 않았고, 일본에 있어서는 실천도 되지 않았다. '일본적 바르트주의'(Japanese Barthianism)는 교회 내부에 틀어박혀서 자유주의 및 사회주의적 그리스도교의 극복을 시도했으나, 국가 체제에는 침묵과 결과적인 추종의 태도를 취했다[3]고 택정언은 설명한다.

도조 내각이 감행한 '태평양전쟁'이라는 개전으로 인한 확전은 전쟁 물자와 인적 자원의 수요를 급증시켰다. 이의 필요를 채우기 위하여 전시 내각은 1943년 12월 징병 연령을 1년 낮추어 19세로 함으로써, 이른바 '학도병 제도'를 채택하기에 이르렀다. 이 학도 지원병 제도에 의해서 유동식은 1944년 1월에 전쟁에 참전하게 되었다. 유동식은 1945년 8월 15일 해방이 될 때까지 일본 규슈 열도의 가고시마에서 1년 8개월여 동안 전쟁에 참여해야 했다. 학도병으로 전쟁에 참여하기 전의 동부신학교의 1년 여의 신학 수업에서 유동식은 신학서설(神學緖說)이라는 강의를 통해 "신학은 철학과는 달리 이성이 아니라 성서에 증언된 계시를 기초로 한 학문"이라는 말에 어떠한 자부심과 긍지를 느끼곤 했다[4]고 말한다.

---

2 택정언, 『일본기독교회사』 (서울: 대한기독교서회, 1979), 139-140.
3 *Ibid.*, 172.
4 유동식, *op, cit.*, 321.

1년 8개월 동안 원치 않는 전쟁에 참여한 유동식은 삶과 죽음의 선상에서 신약성서를 일본인들의 감시를 틈타 읽으면서, "무의미한 개죽음에서 벗어나게 해주기를 기도했다."[5] 이렇게나 간절한 기도와 함께 나쓰메의 『풀베게』(草枕)를 읽으면서, 그 속에 담긴 "사욕을 버리고 하늘을 본받아 타인과의 정에 얽매이지 않는다"(則天去私 非人情)는 견해와 러시아 소설가 싸닌의 작품을 통해서 나라 잃은 설움과 원하지 않은 전장에서의 죽음을 목도하며 마음의 위안을 삼았다. 비록 허무주의에 입각한 소설들이었지만, 유동식은 이 소설들을 통해서 생사를 초연한 인간의 자세를 배웠다[6]고 밝히고 있다. 이러한 비인간화된 전장의 체험과 죽음밖에 없을 것 같은 상황 속에서 유동식은 해방을 맞이하였다. 해방의 감격에 대해 유동식은 다음과 같이 술회한다. "비인격화된 군인 생활과 폭격의 공포는 매일같이 죽음의 연습을 되풀이하게 해주었고, 돌연 선포된 해방은 나에게 실존적인 부활을 체험하게 했던 것이다."[7]

조국이 해방되자 유동식은 1945년 10월 5일 가고시마에서 어렵게 구한 민간인 배를 타고 동료 학도병과 징병 온 한국인들이 포함된 100여 명과 함께 귀국길에 올랐다. 그러나 작은 배에 너무 많은 인원이 승선했으므로, 배는 난파 직전에까지 이르게 되었다. 손을 쓸 수 없을 정도로 움직일 수 없는 지경까지 이른 배는 조류의 흐름 덕분에 쓰시마섬에 도달할

---

5 유동식, 『산화가』 (서울: 정우사, 1978), 63.
6 유동식, *op, cit.*, 322.
7 유동식, *op, cit.*, 322.

수 있었다. 귀국길에서 또 한 번 죽음을 느껴야 했다.

귀국한 한국의 사회는 해방의 감격으로 뒤숭숭했으며, 한국교회는 1945년 9월 이미 서울의 새문안교회에서 교단 연합 상태 그대로의 교회 재건을 시도했으나, 이것이 무산되고 교파 교회로서의 재건에 주력하고 있을 때였다. 감리교회는 1945년 9월 8일 남부대회(새문안교회)에서 퇴장한 이규갑, 변홍규, 김광우 목사 등이 같은 날 동대문교회에 모여 감리교 재건 중앙위원회(회장 이규갑)를 조직하는 동시에, 감리교회의 재건을 대외에 선언하였다.[8] 아울러 감리교신학교가 개교되고 변홍규 목사가 교장에 취임하였다.

교회 재건의 어수선한 틈바구니에서도 유동식은 신학 수업의 중단을 더 이상 계속할 수 없다는 생각에 1946년에 개교된 감리교신학교에 2학년으로 편입학하였다. 이 당시 감리교신학교에서 유동식은 변홍규 목사로부터 구약학을, 홍현설 교수로부터 기독교윤리를, 윤성범 교수로부터 종교철학을 수강하였다. 그러나 유동식에겐 이러한 신학 수업의 내용들로부터 만족을 얻을 수 없었다. 마음속 무언가 허전함이 자리 잡고 있었다. 죽음을 직면했던 전장의 공포로부터 벗어나기 위해 위안을 삼았던 '즉천거사 비인정'(則天去私 非人情)의 세계가 마음속 깊이 자리 잡고 있었기 때문이었다. 이 시기에 유동식은 YMCA 강당에서 자주 강연하던 함석헌의 강연과 탄허 스님의 강의를 들으며 새로운 세계와 만날 수 있었다.[9] 이들 강의를

---

8 전택부, 『한국교회 발전사』 (서울: 대한기독교출판사, 1987), 277.
9 유동식, *op. cit.*, 322.

통해서 유동식은 동양 사상과 접할 수 있는 기회를 얻을 수 있었다.

1948년 유동식은 감리교신학교를 졸업하였다. 학교를 졸업하면서 취득한 공민(現 국민윤리)과 교사 자격증으로 유동식은 공주여자사범학교에서 교직 생활을 시작하였다. 교편생활 중 6.25전쟁이 발발해서, 피난길에 오른 유동식은 전주에 머무르면서 1953년까지 전주사범학교에서 가르치는 일을 멈추지 않았다. 전주에서 유동식은 한학자(漢學者)로 이름있던 고명걸 목사를 만나 한문을 배웠다. 유동식은 고명걸 목사로부터 한문을 배우면서, 고명걸 목사가 한문으로 지은 산상수훈을 주교재로 사용하여 성서주석을 공부했다. 그런데 주석 중 "마음이 가난한 자는 복이 있나니"(心虛爲福)의 대목에선 "마음이 가난한 자는 하늘에 속한다"(心虛屬天)로 바꾸어 읽으며 유동식도 나름의 인생관을 정리해 보았다. 이 기간들에 대해서 유동식은 다음과 같이 술회한다. "나는 유유(悠遊)라는 단어를 즐겨 썼다. 평생에 단 한 번 나그네라는 산문시를 수십 편 써 본 것도 이때의 일이다."[10] 이 기간 동안 쓴 산문시를 모아 유동식은 1952년에 『택함받은 나그네들에게』라는 제목의 시집[11]을 간행하였다. 이 시집은 누가복음 15장의 탕자의 비유를 들어서, 유동식 자신을 비유의 주체로 감정 이입하여 쓴 산문시들로 구성되어 있다.

서울이 수복된 후 유동식은 1954년부터 배화여자고등학교에서 종교 주임으로 복직하면서, 고등학교 학생들에게 성서와 기독교를 가르쳤다.

---

10 *Ibid.*, 322.

11 유동식, 『택함받은 나그네들에게』 (전주: 동일출판사, 1952).

고등학생들에게 '예수'에 대해서만 가르치면 족하다는 생각에, 유동식은 그 내용들을 정리하여 가르쳤고, 이것들을 묶어 『예수의 근본문제』라는 제목으로 책을 출간하였다. 이 책에서 유동식은 예수의 근본 문제를, 마음을 비우고 하늘에 속하는 절대 신앙(心虛屬天)으로 이해했다.[12] 또한 이 시기에 유동식은 임어당(林語堂)의 『생활의 발견』을 읽고 난 후, 이미 들어온 노장사상에 대한 깊은 이해의 필요성으로서 여러 가지 주석서를 모아 놓고 처음으로 『도덕경』을 읽었다. 유동식은 『도덕경』을 읽고 난 후, 이것은 성서와 함께 꼭 있어야 할 책이라는 느낌을 가졌다.[13]

유동식의 학문 여정에 있어서 제1기에 해당하는 1943년에서 1955년까지의 과정은 유동식 자신이 "신학 공부를 하기는 했지만, 결국은 전쟁과 해방과 6.25동란이라는 소용돌이 속에서 떠돌이 공부를 하다가 세월을 흘려보낸 느낌이다"[14]라고 술회하고 있지만, 사실상 생사의 문제를 통해서 실존적인 자기 이해를 정초한 시기라고 보인다. 그러한 경험 속에서 스스로 인생관이라 할 수 있는 "마음을 비우면 하늘에 속한다"의 원리를 깨닫게 되고, 이로 말미암아 동양적 영성의 세계를 이해할 수 있었던 토대와 계기를 마련하게 된 것이다.

---

12 유동식, 『예수의 근본문제』 (서울: 심우원, 1954), 57.
13 유동식, 『풍류 신학으로 가는 여로』, 323.
14 *Ibid.*, 322.

II. 토착화 논쟁과 선교신학

1956년 8월 20일에 유동식은 한글판 성서와 영어사전 그리고 노자의 도덕경 등 책 세 권을 가지고, 십자군 장학금의 후원으로 2년간 미국 유학길에 올랐다. 1943년 일본 유학에 오를 때와는 이미 다른 목표와 생각을 가진 후였다. 이 기간 동안 유동식은 보스턴대학교에서 신약학을 전공했으며, 연구의 주제는 '요한의 근본 사상'이었다. 이 주제를 해결하기 위한 접근 방법으로 유동식은 '로고스'와 노자의 '도'의 만남 또는 로고스의 도화(道化)를 시도하였다.[15]

이러한 유동식의 시도와 노력에 빛을 던져준 것은 다드(C. H. Dodd)의 실현된 종말론과 비신화론을 제기한 불트만(R. Bultmann)이었다. 지금까지 바르트 신학에 젖어 있던 신학 수업의 과정에서 불트만의 신학은 유동식에게 새로운 것이었다. 이 당시 미국의 신학계는 대륙의 유럽 신학보다 한발 늦게 영향력을 받고 있었다. 이미 대륙에서는 1941년 전쟁 중에 불트만이 발표한 논문 "신약성서와 신화론"(*Neues Testament und Mythologie*)에 대한 논의가 전쟁이 끝났을 때 바로 나타났음에도 불구하고, 미국에서는 번역을 통해서 이것을 접할 수 있게 되었다. 불트만의 위 논문의 영어 번역은 1953년 최초로 미국의 독자들에게 출간되었다. 1953년 이후에야 비로소 불트만의 물음에 대한 논의가 영어권 세계에서 올바르게 행해졌

---

15 *Ibid.*, 323.

다.16 미국 신학계가 불트만 신학의 영향권 속에 있을 때에 유동식은 신약학을 전공하기 위하여 도미했던 것이다. 유동식이 불트만을 미국에서 만나고서 얻은 감회와 기쁨의 소리는 다음과 같다.

> 그의『신약성서신학』과 논문들을 흥분 속에서 읽었다. 동서의 벽이 무너지고 도와 로고스가 만날 수 있는 길을 발견했을 때엔 몹시 기뻤다. 비신화론은 성서 해석에서뿐만 아니라 모든 문화 분야에서도 응용될 수 있는 해석학이라고 생각했다. 요는 시대적, 문화적 제약 밑에 있는 표현 양식에 매어 있을 것이 아니라 그 안에 들어있는 본질적인 것을 보아야 한다는 것이다. 기독교의 핵심인 십자가와 부활 역시 하나의 표현 양식에 속한다. 우리는 그 안에서 자기부정을 매개로 본래적인 존재로 되돌아가게 하는 진리를 실존론적으로 파악하지 않으면 안 된다.17

유동식은 귀국 즉시 불트만의 논문인 "신약성서와 신화론"(*Neues testament und Mythologie*)을『성서의 실존론적 이해』라는 제목18으로 번역 출간하였다. 또한 유동식은 불트만의 실존론적 성서 해석의 이론적 영향 하에서, "복음 전달에 있어서의 문제점에 대하여"19라는 제목의 글과 "도와

---

16 프리츠 부리/변선환,『현대미국신학』(서울: 전망사, 1988), 41-42.
17 유동식, *op, cit.*, 324.
18 이 책은 1959년에 대한기독교서회에서 출간되었으며, 허혁 박사의 번역인 "해석학의 과제"(*Das Problem der Hermeneutik*)가 첨가되어 1969년에 동일한 제목으로 재출간되었다.
19 유동식, "복음 전달에 있어서의 문제점에 대하여,"「기독교사상」(1958. 12.): 45-50. 이

로고스-복음의 동양적 이해를 위한 소고"[20]를 발표하였다. 유동식은 후자의 글에서 헬레니스트들이 유대적인 기독교의 복음 이해를 위하여 '로고스'라는 자신들의 말과 개념을 도입한 것처럼, 동양인들에게 복음의 동양적 이해의 지평을 제공할 개념으로 도(道)를 사용할 수 있다[21]고 밝힘으로써, 자신이 도미 유학에 나설 때의 물음을 정리했다. 유동식은 1960년에 "비신화론의 개요"라는 제목의 글[22]을 발표했으며, 1961년에는 "요한복음에서 본 신앙의 본질"이라는 제목의 글[23]을 「기독교사상」에 게재했다. 또한 "불트만의 신앙론"이라는 제목의 글을 발표함으로써 불트만의 국내 소개에 주력했다. 1962년에는 선교 70주년 기념 신약성서 주석의 13번째 책인 『요한서신』 주석서를 출간했다.

유동식은 1960년 겨울엔 홍콩에서 열린 세미나에서 네덜란드의 종교학자이며 선교신학자인 크레머(H. Kraemer)를 만나는 기회를 가졌다. 유동식은 크레머가 제시하는 타종교에 대한 이해와 커뮤니케이션론에 흥미를 가졌다. 유동식 자신의 문제인 도와 로고스의 만남을 그의 커뮤니케이션론으로 해결할 수 있지 않을까 하는 관심 때문이었다.[24]

논문은 『도와 로고스』(1978)에 "복음전달과 문제점"으로 다시 게재되었다.

20 유동식, "도와 로고스 — 복음의 동양적 이해를 위한 소고," 「기독교사상」 (1959. 3.): 54-59. 이 논문은 『도와 로고스』(1978)에 "도와 로고스"로 다시 게재되었다.

21 유동식, "비신화론의 개요," 『현대사상 강좌』 제5권 (서울: 박문사, 1960), 385-396.

22 유동식, "요한복음에서 본 신앙의 본질," 「기독교사상」 (1961. 1.): 42-47.

23 유동식, "불트만의 신앙론," 「기독교사상」 (1961. 5.): 22-28.

24 유동식, "풍류신학으로 가는 여로," 324.

1963년에는 스위스의 제네바 근처인 봇세(Bossey)의 에큐메니칼연구원(The Ecumenical Institute)에 머물러서 타종교에 대해서 연구하였다. 이 해의 연구 주제는 타종교에 대한 기독교적 이해였고, 틸리히(P. Tillich)가 주 강사로 강의했다. 이 강의를 통해서 유동식은 인도의 고전들과 사상들을 접할 수 있었다. 유동식은 강좌의 제출 논문으로 "이샤(Isha) 우파니샤드의 근본이념"이라는 제목의 글을 썼다. 그리고 약 3개월에 걸친 유럽 여행을 통해서 유동식은 유럽의 문명을 바라보며, 기존까지의 자신의 물음이었던 초월적인 도와 로고스와의 만남의 문제에 대하여 새로운 자각을 하게 되었다. "과연 우리의 전통문화는 어떠한 것이며 기독교의 입장에서 바라보았을 때 그 존재 의미는 무엇이냐"[25] 하는 물음이 유럽 문명의 문화유산들 앞에 서 있던 유동식에게 생겨났다.

더욱 광범위하고 무거운 물음을 가슴에 안고 유동식은 유럽을 떠나야 했다. 귀국 즉시 유동식은 한국 문화에 대한 연구에 몰두했다. 한국 문화에 대한 연구로써 유동식은 한국 종교를 그 중심축에 놓았다. 기독교가 서구 문화를 만들어왔다면 한국 문화를 만들어온 전통적인 한국 종교의 의미는 무엇인가 하는 물음 때문이었다. 유동식은 한국 종교사의 연구를 통해서 한국인의 살림살이를 통해 하나님께서 역사하신 내용은 무엇인가 하는 것을 발견해 내고자 했다. 이러한 의도를 지닌 연구 결과, 유동식은 다음과 같이 단언할 수 있었다. "하나님은 결코 서양 사람들만의 신일 수는 없다고

---

25 *Ibid.*, 325.

믿는다. 우주와 인류를 창조하신 하나님이 선교사의 뒤를 따라 비로소 한국에 들어오셨다고는 믿어지지 않는다. 하나님은 이미 우리의 역사 속에서 우리의 문화 형태를 통해 일하고 계셨을 것이다. 다만 기독교를 통해 자신을 보다 분명히 계시하신 데 불과하다."[26] 유동식의 이러한 생각은 곧 글로 옮겨져 쓰였으며, 그 글에 대한 반론이 지속적으로 제기됨으로써 「기독교사상」을 통해 이른바 토착화 논쟁이 시작되었다. 논쟁의 결과물로서, 유동식은 『한국종교와 기독교』를 1965년에 출간했다.

유동식은 토착화 논쟁의 과정에서 제기되었던 문제 중 특히 한국 문화의 실체인 한국 종교에 대한 새로운 방향의 물음을 묻게 되었다. 다원 종교의 점철사와도 같은 종교사 속에서 어떻게 하나의 문화적 전통이 흘러오고 있으며, 이것이 가능한 종교 간의 유기적 관계는 어떤 것이며, 우리 문화의 뿌리가 된 우리의 종교를 어떻게 규정할 것인가[27] 하는 새로운 물음에 봉착하게 된 것이다. 유동식은 봉착한 이 문제를 해결하기 위하여 한반도 땅에서 유구하게 지탱되어 온 무교(巫敎)를 민족 문화 형성의 정신적 뿌리가 되어온 토착 종교 현상 전체를 통괄한 개념[28]으로 이해하고 연구에 착수하기 시작했다. 유동식은 미국에서 귀국한 1959년 이후부터 1967년까지 감리교신학대학교에서 신약학 교수로 봉직했다. 이 기간 동안 유동식은 주로 요한복음을 가르쳤다.

---

26 *Ibid.*, 325.
27 *Ibid.*, 325.
28 *Ibid.*, 325.

제2기의 기간을 경과하면서 유동식은 제1기에서 느꼈던 유동식 자신의 실존과 복음의 만남 문제를 넘어서서 자신이 살아온 터전의 문화 전통의 핵심인 전통 종교와 복음이 만들어 낸 기독교와의 만남을 시도한 것으로 보인다. 제1기와 비해 관심과 이해의 폭이 확대된 것이다. 다시 말하자면, 해석과 이해의 폭이 제1기에선 자기 자신에 국한된 것이었으나, 제2기의 기간을 경과하면서 자신을 둘러싸고 있는 문화를 형성시킨 종교로 확대된 것이다. 이것은 기독교의 이해에 있어서도 마찬가지다. 불트만의 신학에 힘입어 설정된 복음과 기독교와의 철저한 구별이 제1기의『예수의 근본문제』에서 제기된 유동식의 예수에 대한 다분히 기초적인 이해를 넘어서게 해주었다. 유동식은 이러한 확장된 해석의 지평에 서서 기독교와 한국 종교의 뿌리인 무교와 만남을 시도하고자 했다. 그러나 이러한 희망은 무교에 대한 폭넓은 연구가 개진된 이후에나 가능한 것이었다. 무교에 대한 깊은 연구가 이루어지기 전까지의 단계는 원론적인 토착화론에 머물러있어야 했다.

III. 한국 무교 연구와 종교 · 우주적 신학

유동식은 1968년에 한국 종교에 대한 연구, 특히 무교에 대한 깊은 이해를 얻기 위해 일본의 도쿄대학교를 찾아갔다. 이 당시 한국 무교 연구를 위해선 일본을 선택할 수밖에 없었다. 국내에는 자료가 있었는지 모르지만, 그 자료들을 엮어낼 학문적 방법들을 지도해줄 학자가 없었기 때문이다.

유동식은 도쿄대의 호리이치요(屈一郎)를 통해, 한국 무교를 연구하기
위한 학문적 방법론으로 엘리아데(M. Eliade)의 저서들을 소개받았다. 호리
이치요는 1965년부터 도쿄대에서 강의했는데, 그의 연구 분야는 불교문화
사, 종교사, 종교민속학, 종교사회학, 종교현상학 등이었다.[29] 유동식은
무교의 연구 방법을 배우기 위해 엘리아데의 저서들을 이 기간에 탐독하였
다. 『샤머니즘』(*Shamanism: Archaic Techniques of Ecstasy*, 1964)이 기본 주
교재였고, 『성과속』(*The Sacred and The Profane*, 1957), 『우주의 역사』
(*Cosmos and History*, 1959), 『영원회귀의 신화』(*The Myth of the Eternal Return*)
등 엘리아데의 주저들을 통해 방법론을 획득하고자 노력했다. 그리고
나서 유동식은 한국 무교의 자료들을 검토했다.[30]

엘리아데는 종교 현상이 인류의 역사가 전개되어 가는 어떤 단계에서
출현한 것이라든가, 또 그러한 기준에서 과거 역사의 유산이라고 할 수
있는 것이라든가 하는 이해를 부정한다. 그가 주장하는 것은 종교가 인간의
의식을 이루는 그 구조에 속해있다고 보는 것이다. 단순화해서 말한다면
종교는 역사적인 현상이 아니라 의식의 구조라고 하는 이해가 그의 기본적
인 입장이다. 그래서 그는 종교 현상을 보편적 현상이라고 주장한다.[31]
그는 종교 현상과의 만남은 별다른 어떤 특정한 현상과의 만남이 아니라

---

29 屈一郎, ブリタニカ国際大百科事典 6권 (도쿄: 1988), 32.

30 유동식, "풍류신학의 여로," 325.

31 M. Eliade/문상희, 『샤머니즘』 (서울: 삼성출판사, 1982), 33-36.

복잡한 문화 현상 속에 놓여 있는 문화적 창조성의 성스러운 의미(Secret Significance of a Cultural Creation)를 발견하는 것[32]이라고 제시한다. 이러한 엘리아데의 종교 이해를 위한 종교현상학적 방법이 무교 연구에 길잡이가 되었다.[33]

유동식은 1968년과 1969년 2년 동안 도쿄대학교 문학부 대학원에서 종교사학을 전공했으며, 1972년에는 국학원 대학원에서 종교학 전공으로 문학박사학위를 취득하였다. 학위 논문의 제목은 "한국 샤마니즘의 역사와 구조적 특질"이었다. 그리고 무교에 대한 연구를 묶어 『조선의 샤마니즘』을 출간하였다. 또한 유동식은 1965년에 이미 간행된 『한국종교와 기독교』를 1975년에 일본어로 번역하여 『한국의 종교와 그리스도교』로 간행했다. 귀국 후 1975년에는 자신의 학위 논문을 국역하여 『한국무교의 역사와 구조』라는 제목으로 연세대학교 출판부에서 출판하였다. 그리고 자신의 계속된 신학적 관심사였던 예수의 근본 문제를 확대시켜서 『예수, 바울, 요한』(서울: 대한기독교서회, 1975)이라는 제목의 책을 출간하였다. 그리고 그간 국내에서 발표한 한국 문화에 대한 관련 글들을 모아서 『민속종교와 한국문화』라는 제목으로 1977년에 현대사상사에서 출간하였다.

유동식에 있어서 이 시기는 제2기에서 느꼈던 한계를 넘어서기 위한

---

32 M. Eliade, "Cultural Fashions and the History of Religions," Joseph M. Kitagawa (ed)., *The Hisory of Religions: Essays on the problem of Unstanding* (Chicago: The University of Chicago Press, 1974), 21.

33 유동식, 『한국 무교의 역사와 구조』 (서울: 연세대학교 출판부, 1975), 19-20.

과정으로 보인다. 또한 그간에 보인 문제의식을 해결하기 위한 기간이기도 하다. 이제 무교 연구를 통해서 유동식은 기독교와 만나야 할 구체적인 대상을 찾아낸 것이다. 무교는 한국 종교 문화의 핵심이며, 한국인들의 자아의식을 드러내 보여주는 것으로 제시되었다. 그러면 유동식이 제시한 무교란 무엇인가, 그에 따르면 무교는 선사시대부터 현재에 이르기까지 각양각색으로 나타났던 샤머니즘적인 종교 현상에 대한 총칭이다. 이에 반하여 무속(巫俗)이란 현재 우리가 볼 수 있는 민간신앙 가운데 이른바 샤머니즘이라고 말하는 현상에 대한 이름으로 사용한다. 말하자면 무속은 무교의 일부요, 고대 무교 잔류 현상이다. 이러한 이유를 들어 유동식은 한국 샤머니즘을 가리킨 일반 용어로는 무교를 쓰는 것이 타당하다[34]고 제시한다.

유동식은 무교 연구를 통해서 한국 문화의 핵심이며 종교적 원형이라 할 수 있는 무교를 정확하게 원형 복원시킬 수 있게 됨으로써, 그의 신학적 관심은 종래의 토착화론에서 타종교를 전제한 선교론으로 확장되어 발전한다. 그는 이러한 확장 발전의 표시로써, 기존의 토착화론을 한국 종교와의 관련에서 심화시켜 선교신학적인 글들을 발표하게 되었다. 유동식은 이것들을 단행본으로 묶어 1978년에 『도와 로고스 -선교와 한국신학의 과제』를 출간하게 된다.

유동식의 책 『도와 로고스』는 그의 학문 여정을 그대로 보여주는

---

34 유동식, "한국 무교의 종합적 특성 - 외래 종교와의 교섭 관계를 중심으로," 『한국무속의 종합적 특성』 (서울: 고대민족문제연구소, 1982), 130.

목차로 구성되어 있다. 그는 해방 후의 한국사를 그 변천에 따라 삼분하여서 1950년대의 정치적 격동기, 1960년대의 경제적 개발기, 1970년대의 문화적 반성기로 파악한다. 그는 이러한 세태와 관련해서 1950년대를 기독교 복음이 어떻게 우리에게 산 힘이 되게 하느냐 하는 토착화론에 관심을 쏟았고, 1960년대에는 타종교와의 관계를 규명하는 데 전념했으며, 1970년대는 현대 문명과 관련해서 오늘 한국 신학의 과제가 무엇인가 하는데 그 초점이 모인다[35]고 머리말에서 밝히고 있다.

유동식이 머리말 부분에서 밝힌 것처럼 그의 학문 여정 제3기의 말미에서 그는 현대 문명과 관련하여 직면한 한국 신학의 과제로서 '종교 · 우주적 신학'(Religio-Cosmic Theology)을 제시하게 되는데 이는 유기적 자연관과 우주적 역사관 그리고 영적 종교를 그 내용으로 담고 있어야 한다고 전제하면서, 이것이 아시아 및 한국교회가 지닌 신학적 · 목회적 과제라고 제시한다.[36] 유동식이 제시한 '종교 · 우주적 신학'의 과제는 그의 학문 여정 제4기에 들어서면 확연하게 드러난다.

유동식은 이제 무교의 연구를 통해 한국 종교의 원형을 복원할 수 있게 됨으로써, 기독교 복음과의 만남의 대상을 설정시킬 수 있게 된 것이다. 유동식의 이러한 노력은 타종교를 전제로 한 기독교 복음과의

---

35 유동식, 『도와 로고스 — 선교와 한국신학의 과제』 (서울: 대한기독교출판사, 1978), 6-7.
36 유동식, "현대문명의 도전과 한국신학의 과제," 「기독교사상」 21권 5호 (1977): 105-107. 이 글은 「도와로고스」에 동일 제목으로 게재되었고, 『한국신학의 광맥』에 "한국신학으로서의 종교 — 우주적 신학 형성의 과제"로 전재되었다.

대화나 토착화의 방법을 추구하던 1960년대의 물음을 해결하기 위한 것이었다. 그런데 무교의 연구를 통해서 유동식은 단순한 도식적인 이러한 물음의 해결에 만족하지 않고, 한국 신학의 과제로서 종교·우주적 신학을 제시함으로써 대화론이나 토착화론을 넘어서서 신학화의 길에 들어선다. 기독교 복음과 무교와의 만남이 대화나 접촉으로 끝나지 않고 한국적 기독교 신학의 형성을 위한 가시적 내용물이 되는 근거와 이유의 제시는 제4기의 연구 주제가 되었다.

IV. 풍류신학의 전개

유동식은 1979년에 일본의 국제기독교대학교(ICU)의 객원교수로 초빙되어 도일했다. 그곳에서 유동식은 두 학기에 걸쳐 한국의 종교사상사를 강의했다. 강의의 내용은 한국의 문화사와 견주어가며 고대 종교, 불교, 유학, 동학, 기독교에 이르기까지 한국의 다양한 종교의 역사적 전개와 그 사상적 흐름을 파악하는 것으로 구성되었다. 이러한 강의 과정 속에서 유동식은 종교적 다양성 속에서도 일관해서 흐르는 민족적 이념이 있다는 것을 발견했다. 이 민족적 이념이 각종 외래 종교를 주체적으로 받아들였고 토착화시키며 또한 창조적으로 발전시켜 나갔던 것으로 파악되었다. 이 민족적 이념을 유동식은 최치원의 명명을 따라 풍류도(風流道)라고 했다.[37]

이 풍류도를 유동식은 제3기에서 발견한 무교의 종교적 체험이 이념화되고 승화된 것으로 이해했다. 그리고 무교의 기본 구조인 가무강신(歌舞降

神)을 바탕으로 한 무아(無我)와 신인융합(神人融合)을 풍류도의 핵심 구조로 파악했다.[38] 그리고 한국의 종교문화사 속에서 역사는 짧지만 발전을 해오고 있는 한국의 기독교사상사를 풍류도의 전개사의 입장에서 파악했는데, 그 결과가 『한국신학의 광맥』으로 묶여져 1982년에 출간되었다. 이 책의 내용은 원래 유동식이 1968년에 1년간 12차례에 걸쳐서, 「기독교사상」에 "한국신학의 광맥"이라는 제목으로 한국 신학자들의 평전을 다루었던 것인데, 이 시기에 와서 풍류도의 전개사의 관점에서 재구성한 것이다.

엘리아데의 종교현상학에서 제시된 종교의 기본 이해를 가진 유동식은 무교의 구조를 한국 종교의 원형이며 문화 양식의 내용으로 파악했다. 이러한 무교의 종교적 체험이 이념화되고 승화된 것을 풍류도라 지칭한 것이다. 그리고 이것을 더욱 발전된 개념으로서 풍류라는 단어와 신학이라는 단어를 결합하여 이른바 '풍류신학'(PungRyu Theology)을 형성시킨 것이다. 이렇게 요청된 풍류신학은 유동식이 제3기에서 제시한 종교·우주적 신학의 한국적 표현이자, 한국적인 고유명사화의 신학이다. 이 조어(造語)는 "1970년대 한국신학 -신학사상을 중심으로"라는 제목의 논문[39]에서 처음 사용되었으며, 1983년 초여름 「신학사상」 제41호의 신학 수상단에서 단상(斷想)의 형식으로 제시되었고, 그해 11월에 "풍류도와 기독교"라는 제목의 글을 「신학논단」 16집에 실었다. 그러나 풍류신학에 대한 본격적인

---

37 유동식, "풍류신학으로 가는 여로," 326.

38 *Ibid.*, 326.

39 유동식, "1970년대 한국신학 — 신학사상을 중심으로," 「신학사상」 36집, 101.

연구 결과는 1984년 10월에 개최된 전국신학대학협의회와 한국기독교학회가 공동 주최한 "한국 기독교 100년 기념 신학자 대회"에서 "한국문화와 신학사상—풍류신학의 의미"[40]를 발표함으로써 가시화되었다. 복음 전래 100년을 기념하는 신학자 대회에서 한국 신학으로서의 풍류신학이 발표된 것이다.

유동식은 1973년 이후로 연세대학교 신과대학에서 종교학 교수로 봉직해 오다가 1988년 정년 퇴임했다. 유동식은 퇴임 기념으로 행한 강연[41]에서 자신의 신학 형성의 전 과정을 '풍류신학의 여로'라고 밝혔다. 퇴임 후 유동식은 하와이 한인 감리교회의 역사인 『하와이의 한인과 교회』[42]와 『재일본 한국기독교청년회사』[43]를 저술했는데 퇴임 이후로는 역사서 저술에 주력하고 있다.[44]

---

40 이 논문은 동일 제목으로 「신학사상」 47집 (1984)에 게재되었다.
41 유동식, 『풍류신학으로의 여로』 (서울: 전망사, 1988).
42 유동식, 『하와이의 한인과 교회』 (하와이: 그리스도연합감리교회, 1988).
43 유동식, 『재일본한국기독교청년회사』 (도쿄: 재일본한국YMCA, 1990).
44 유동식 교수는 당시 정동제일감리교회 100년사 정리에 주력하고 있었다.

3장

토착화신학과

무교 연구

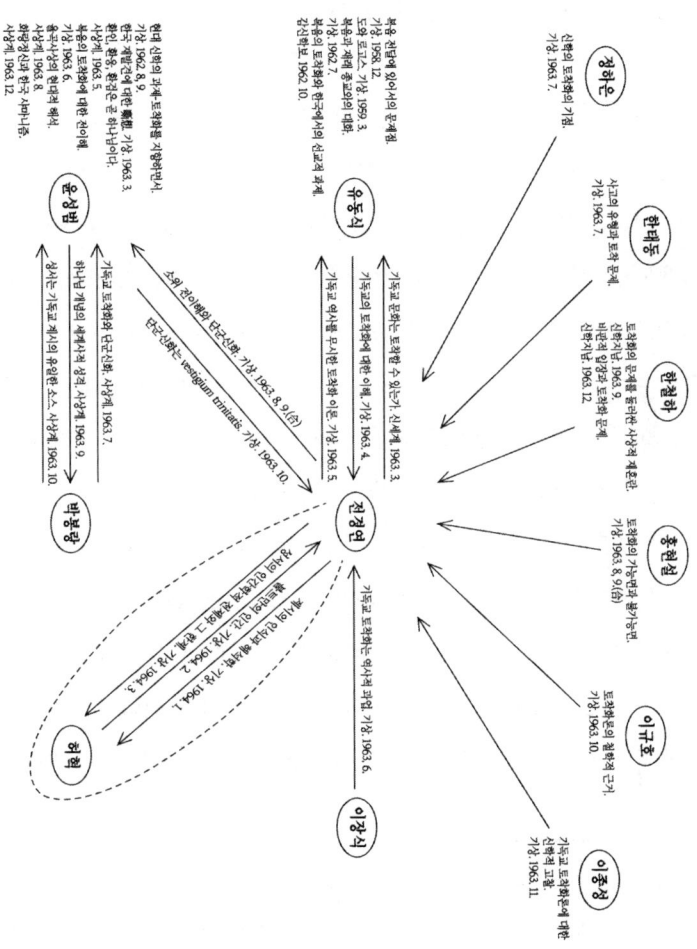

1960년대 토착화 논쟁의 조감도

[그림 1]

I. 토착화 논쟁의 발발과 선교신학

1960년대 초반에 「기독사상」이라는 월간 잡지를 통해서 10여 명의 신학자들이 참여한 토착화론에 대한 논쟁이 벌어졌다. 이 논쟁의 발달은 1962년 「감신학보」에 실린 유동식의 "복음의 토착화와 한국에서의 선교적 과제"라는 제목의 글[1]에 대한 전경연의 "기독교 문화는 토착화할 수 있는가"라는 반박의 글[2]이 제시됨으로써 이루어졌다. 또한 윤성범의 "환인 환웅 환검은 곧 하나님이다"라는 「사상계」에 실린 글[3]에 대한 박봉랑의 "기독교 토착화와 단군신화"라는 반박의 글[4]이 같은 잡지에 게재됨으로써 토착화론에 대한 논쟁이 비슷한 시기에 동시다발로 이루어졌다.[5]

1960년대 초반에 제기된 이러한 토착화 논쟁의 추이에 대해서 김경재는 다음과 같이 평가했다. "토착화 논쟁은 성서 신학적 해석학 문제와 선교신학적 목회 실천 문제와 역사 이론 신학의 복음의 본질성 규명 논쟁이 뒤범벅되어서 가히 성숙한 그리고 세계적 신학 수준에 도달한 한국 기독교 역량을 스스로 평가할 수 있었던 일대 생산적인 논쟁이었다."[6]

---

1 유동식, "복음의 토착화와 한국에서의 신학적 과제," 「감신학보」 (1962. 10.).

2 전경연, "기독교문화는 토착화할 수 있는가," 「신세계」 (1963. 3.): 84-90.

3 윤성범, "환인 환웅 환검은 곧 하나님이다," 「사상계」 (1963. 5.): 258-271.

4 박봉랑, "기독교 토착화와 단군신화," 「사상계」 (1963. 7.): 172-184.

5 윤성범을 중심으로 한 논쟁은 이 책의 논외이므로 다루지 않기로 한다. 이에 관해선 "1960 년대 토착화 논쟁의 조감도"를 참고하기 바람.

6 김경재, "복음의 문화적 토착화와 정치적 토착화," 기독교사상 편집부 편, 『한국의 신학사 상』 (서울: 대한기독교서회, 1984), 306.

이러한 논쟁의 과정에 대해서 살펴보고자 한다. 이를 위해서 먼저 시대 배경으로서 1960년대의 한국의 상황과 신학계를 살펴보고, 논쟁의 발단이 된 유동식의 토착화론의 개념과 그의 토착화론의 사상적 전거를 검토하고 자 한다. 그러고 나서 논쟁의 과정과 논쟁의 한계들을 살펴보고자 한다.

1. 1960년대 한국의 시대 상황과 신학계

1960년대는 한국이 혁명적 전환기를 맞이한 시대였다. 1960년대를 들어서자마자 발발한 4.19혁명으로 말미암아 부패한 권력인 자유당 정권이 무너지자 새로운 시대가 이루어지는 듯했다. 그러나 곧이어 들어선 민주당 정권의 무능을 빌미로 하여 일어난 1961년의 군사 혁명은 이 시대의 시대상을 규정 짓기에 충분한 것이었다. '혁명' 이것이 이 시대의 얼굴이었다.

1963년에 출범한 제3공화국은 여러 가지 개혁 조치를 강구했다. 그러나 이러한 일련의 개혁 조치는 자유당 정권 밑에서 말살되었던 민주주의의 의식조차 완전히 꺾어버리는 것에 불과했다. 이러한 혁명의 그늘 속에 가린 반항과 거부라는 또 하나의 단면이 있었는데 그것은 '데모'였다. 그것은 1960년대를 특징짓는 또 하나의 얼굴이었다. 1960년 4.19혁명 이후 새 정권이 들어서면서 시작된 대일 외교 접촉의 재개와 한·일 협정의 조인은 이에 항거하는 데모를 유발했다. 이에 대처한 정부 당국의 계엄령과 위수령 그리고 휴교 사태를 경험해야 했다. 1960년대의 말미인 1969년에는 삼선 개헌 반대를 위한 데모와 항거가 있었다.

'혁명'과 '데모'의 와중 속에서도 제3공화국은 두 차례에 걸친 경제 개발 5개년 계획을 수립 추진함으로써 개발 독재형의 경제 성장을 이루어냈다. 군부에서 훈련받은 정치 지도자들에겐 조직력과 추진력이 있었다. 이러한 장점이 경제 개발을 어려운 여건 속에서도 이루어낼 수 있었다. 제1차 경제 개발은 1962~1966년이었으며, 제2차 경제 개발은 1967~1971년의 기간이었다.

　먼저 제1차 경제 개발의 성과를 보면 우선, 계획 기간 중 국민총생산은 연간 7.1%의 성장이라는 당초 계획을 초과하여 연평균 8.5%의 높은 성장률을 달성했다. 1인당 GNP는 1966년 122.5달러로 1960년도의 비해 40.8%의 증가를 기록했다. 산업 구조를 보면 기준연도(1960년)와 목표연도(1966년)의 산업 구조가 제1차 산업은 35.2%에서 31.7%로 감소했으며, 제2차 산업은 19.2%에서 25.7%로 현저하게 증가했고, 제3차 산업은 45.6%에서 42.6%로 떨어졌다. 이 시기에 농업은 34.4%에서 30.9%로 떨어졌음에 비해 제조업은 13.6%에서 18.3%로 상승한 것을 비롯하여 건설업이 3.4%에서 4.7%로 늘어난 것이 주목된다.[7] 제2차 5개년 계획 역시 원래 계획을 상회하는 대폭적인 경제 성장을 이룩하였다. 공업 부문의 성장이 22.5%에 달했다. 이것이 1967년의 일인데, 1968년에는 농업 부문의 성장률이 1.2%였음에 반해, 공업 부문의 성장률은 25.9%의 증가를 보였다. 산업 부문별 구성비는 농업 31.7%, 공업 24.9%, 서비스업 43.4%로 되었다.[8]

---

7 山本剛士, "1, 2차 경제개발과 고도성장의 문제점 ― 1960년대 김성환 편," (서울: 기획출판 거름, 1984), 282-283.

1, 2차 경제 개발 계획의 성공적 완수로, 고도 성장이 이루어질 수 있었던 요인으로 외자 도입의 성공에 기인하며, 때마침 불어닥친 월남 특수의 영향이 컸다. 이러한 고도 성장의 결과 한국 사회에서 나타난 사회 현상은 농업 인구가 줄어들고 대신 도시 인구 유입이 증가되었다는 것이다. 도시로의 인구 유입은 노동 생산성을 극대화시키는 산업 예비군을 창출시켰으며, 이로 인해 노동 시장에 투여되는 노동 인구의 증가가 이루어졌다. 저임금과 열악한 작업 환경을 감수해야 하는 노동 문제를 발생시켰다. 또한 도시로의 인구 유입은 주택 문제, 교통 문제 등 도시화의 문제를 유발시켰으며, 점차 가정의 구성원이 줄어들어 핵가족화되는 결과가 생겨났다. 1960년대를 특징짓는 단면으로는 '혁명'과 '데모' 그리고 '산업화'와 '핵가족화'를 들 수 있다.

4.19혁명으로 자유당 정권이 무너지자 이를 지지해 오던 기독교는 당연히 위축될 수밖에 없었다. 그러나 기독교계는 이것을 건전한 성장과 내실을 기할 수 있는 좋은 기회로 삼기도 했다.[9] 1960년대에 들어서면서 1950년대의 교회의 내분과 분파 작용이 정리되기 시작했다.[10] 이러한 교파의 고정화를 통해서 안정기에 들어선 기독교단은 성장의 축을 움직이기 시작했다.

1965년에는 전국복음화운동이라는 연합 운동을 전개하기도 했다.

---

8 *Ibid.*, 285-286.

9 유동식, 『한국신학의 광맥』 (서울: 전망사, 1982), 218.

10 전택부, 『한국교회 발전사』 (서울: 대한기독교출판사, 1987), 320-322.

비교적 불리한 여건 속에서도 교회 성장을 위한 움직임을 가시화했다. 이 전국복음화운동에는 한경직, 홍형설, 김활란 등이 참여하였다. 홍현설은 전국복음화운동의 성격과 목적에 대해 이 운동은 성령의 역사가 나타나게 하기 위한 거국적이며 거교회적인 전도 운동을 전개하는 데 있다[11]고 밝혔다. 이 같은 초교파적으로 뭉쳐진 대규모 전도운동의 시작은 1907년 평양대부흥운동을 염두에 두었던 것으로 생각된다.

이 운동은 1965년 11월 5일 서울 운동장에서 대규모 부흥 집회를 개최함으로써 그 절정을 맞이하였다. 그러나 11월 5일 당일 대회가 운동의 전부는 아니었다. 추진 본부는 1965년 봄에 조세광 목사를 주 강사로 하여 배재학교 마당에서 5만여 명이 모였던 집회를 이루어냈고, "삼천만을 그리스도에게로"라는 슬로건 아래서 이 대회 기간에 4만 명 이상의 결신자를 얻었고, 전도 훈련은 2,239회에 연인원 2,294,159명이 참석해서 교육받는 효과를 냈다. 이 운동은 비록 한시적인 것이었지만, 그것의 여파는 대단한 것이었다. 이로써 1960년대의 교회 단면을 드러내 보여주는 대중 전도 운동의 모형을 형성시킨 것이다.

이 시대 한국교회를 특정 짓는 또 하나의 단면은 1950년대 말부터 외국에서 훈련받은 신학자들이 많이 귀국하여 수많은 인재 양성에 진력한 것이다. 인재 양성은 장차 이루어질 교회 성장을 위해 필요한 준비였다. 각 교단에서는 후진 양성을 위하여 신학교를 세워 이 교수단을 받아들였다.

---

11 홍현설, "전국복음화운동의 윤곽," 「기독교사상」 (1965. 2.): 58-59.

1968년 2월 현재 정부로부터 정식 인가를 받은 신학대학원은 한국신학대학 대학원, 연세대 연합신학대학원 등 3개 대학원이 있으며, 서울신학대학을 비롯하여 6개의 신학대학과 중앙신학, 대한신학, 순복음신학 등 22개의 신학교가 있으며, 지방에는 부산 지역에 9개 교, 경기도에 6개 교, 경상도에 6개 교, 충청도에 6개 교, 전라도에 5개 교 등 도합 60여 개의 신학교가 설립되어 9,626명의 신학생이 배출되었음이 통계로 기록되었다. 그리고 기독교 인구도 1964년 80만 명대에서 1969년 300만 명대로 증가했다.[12]

이러한 양적 성장의 언저리에, 당시 한국교회의 그늘 속에선 신흥 종교들이 득세하기 시작하였다. 기적과 이사를 베풀었던 박태선의 전도관 운동이 1960년대 한국교회를 강타했으며, 이와 함께 통일교의 활동이 본격화되기도 했다. 1960년대의 암울한 시대상이 교회와 신흥 종교 모두에게 자양분을 제공해 주었다.

혁명과 데모, 산업화와 핵가족화의 시대 상황 속에서 교회는 성장과 신흥 종교의 난립과 득세를 경험해야 했다. 이러한 와중에 한국의 신학계는 자기반성과 신학적 사조에 대한 습득과 소화의 단계를 거쳐서 당시의 시대 상황에 대한 문제 제기들을 시작했다. 이와 관련해서 유동식은 다음과 같이 밝히고 있다. "군정 밑에 맞이한 1962년에 이르자 비로소 신학계는 혁명에 대한 반성을 시작했다. 4.19혁명을 회고하고, 아시아와 유럽에 있어서의 혁명과 기독교 등 광범위하게 반성하기 시작했으며 새삼스레

---

12 김진환, 『한국교회부흥운동사』 (서울: 크리스챤비전사, 1976), 236.

신교(信敎)의 자유 문제를 검토하기 시작했다. 한편 민족 국가 건설이나 경제 개발에 대한 크리스천의 적극적 참여 여부 등을 검토하기 시작했다. 즉, 혁명을 계기로 신학이 현실 문제에 관심의 초점을 돌리기 시작했다."[13] 당시의 상황에 대한 이러한 설명은 1963년 제기되기 시작한 토착화 논의의 전개를 염두에 둔 것인데, 유동식은 이러한 관심의 제기에 대하여 "어쩌면 주체성에 대한 자각의 표현이었을는지도 모르며 직접적 동기는 외국에서 논의된 신학 논조의 자극"[14]이라고 부기한다.

당시 서구에서 논의된 신학 조류에 대하여 살펴보면, 서남동 교수는 1960년대의 신학을 '전환기의 신학'이라고 개념 정의하는데, 그 설명은 다음과 같다. "1960년대의 신학은 천 년의 역사적 기독교 신학 전반을 재검토하고 새로운 신학적 전망과 역사의 경기장에서 원계시의 범례를 다시 활용(Re-articulation)하여, 그 본래의 태세인 혁신의 관성과 종말의 미래적 차원을 재생시키고자는 것이다."[15] 그리고 전환기 신학의 선두 주자로서 본회퍼(D. Bonhoeffer)를 그 중심 위치에 두었다. 서남동 교수는 1960년대 서구 신학의 전환의 포괄적 양상으로 '세속화로부터 미시오 데이(Missio Dei)'를 제시했다.[16] 서남동 교수의 이러한 지적은 전후 독일 신학의 큰 흐름을 형성한 판넨베르크 서클(Pannenberg circle)의 새로운

---

13 유동식, "70년대 한국신학의 과제," 「기독교사상」 (1969. 11.), 47.
14 *Ibid.*, 47.
15 서남동, "1960년대의 신학," 「기독교사상」 (1969. 12.), 56.
16 *Ibid.*, 57.

신학 운동17에 대한 영향과 미국에 일어나기 시작한 새로운 해석학의 운동과 신의 죽음의 신학의 발흥18을 의미하는 것으로 보인다. 전쟁에 대한 신학적 체험 후에 얻어진 독일 신학은 '말씀의 신학'에서 '역사'에 대한 신학적 숙고로 방향 전환하였다. 미국 신학은 불트만의 비신화화론의 수용과 언어 분석 철학의 영향하에서 세속주의와 신의 죽음의 신학을 형성시켰다.

1960년대에 발발한 기독교 복음의 토착화론에 대한 논쟁은 1960년대 시대 상황에 대한 반응으로서, 혁명의 상황에 대한 반성과 서구 신학의 흡수와 소화에서 얻은 자주적 한국 신학의 필요성에 대한 문제 제기의 과정이다. 이에 대한 유동식의 당시 한국 신학계에 대한 정리는 다음과 같다. "1960년대 한국 신학의 조류는 크게 세 가지의 양상을 띠고 있는 성싶다. 첫째로 한국의 사회 현실과의 교섭에서 오는 신학적 반성, 둘째로 서구의 신학 조류에 대한 반응과 흡수의 양상, 셋째로 서구 신학 의존 일변도에서 벗어나서 자주적 한국 신학 수립을 모색하자는 것이다."19

---

17 James M. Robinson, "Revelation as Word as history," J. M. Robinson, John B. Cobb, Jr. (ed.), *Theology as History* (New York: Happer & Row Publishers, 1967), 1-100.
18 프리츠 부리/변선환, 『현대미국 신학』, 17-38.
19 유동식, *op. cit.*, 48-49.

2. 토착화론의 사상적 전거와 토착화 개념

1962년에 「감신학보」에 게재된 유동식의 논문으로 토착화론이 온전하게 성립되어 제시되었다고는 생각할 수 없다. 다만 토착화론의 제시와 전개의 시발점일 뿐이다. 유동식은 1960년대 토착화론에 대한 논의를 담은 글에서 그가 1960년대에 토착화 논의를 제기하게 된 직접 동기로 '한국 문화에 대한 크리스천으로서의 애착과 선교적 관심'이었음을 밝히고, 아울러 사상적 기초의 제공을 불트만의 성서의 실존론적 이해와 크레머의 성서적 실재주의(Biblical Realism) 그리고 나일즈(D. T. Nilies)의 토착화론 등이었다고 규정하고 있다.[20] 토착화론의 사상적 전거로서 이들의 학문적 이론이 유동식의 토착화론에 어떻게 반영되고 있는지 살펴보고자 한다.

먼저 나일즈는 1962년 8월 27일, 기독교서회 회의실에 있었던 강연 내용에서 토착화론에 대하여 언급하기를, 서양의 선교사들은 서양에서 자라난 교회라는 화초를 서양의 흙을 담은 화분에 심어서 이곳에 들어왔던 것이라고 규정하고, 우리는 마땅히 이 화분을 깨쳐버리고 화초를 우리의 옥토 속에 심음으로써 힘차게 자라나도록 하지 않으면 안 되는데, 이것이 그리스도교의 토착화라는 문제의 의미[21]라고 설명한다. 그리고 토착화의 세 가지 방향으로서, 첫째로는 우리의 믿음의 표현 문제, 둘째로 신학의 문제 그리고 마지막으로 교회의 조직과 관리의 문제를 생각할 수 있다[22]고

---

20 유동식, 『한국신학의 광맥』(서울: 전망사, 1982), 238.
21 나일즈, "성경연구와 토착화문제," 「기독교사상」(1962. 10.): 67-68.

부기한다. 계속해서 "복음은 씨요, 교회는 그 씨가 자란 화초"라고 언급하면서 같은 씨라도 토질에 따라 그 자라는 화초의 형태가 달라지는 법이라는 설명과 함께 교회도 각지의 민족 문화의 차이에 따라 그 특색을 가지고 있다고 본문(Text)과 상황(Context)의 이론화 작업을 시도한다.

이와 관련해서 유동식도 복음의 규정을 토양으로서의 상황에 적용하는 씨로서 설명하고 있다. "복음은 어떠한 문화적 형편에서든지 거기에 적응하면서도 자기의 본질을 잃지 않고 자기가 처해있는 현실에 도전하며 새로운 삶을 창조하여 간다. 다시 말하자면 이러한 창조적 활동 목적을 위하여 복음은 그가 처한 현실에 적응하고 뿌리를 내리는 것이다."[23] 이러한 유동식의 상황론은 나일즈의 상황론과 일맥상통하는 것으로 보인다.

그런데 이러한 본문과 상황의 이론화 작업의 시도는 김광식의 지적에서처럼 다음과 같은 문제점을 야기할 수 있다. "여기서는 본문이 맥락 속에서 어떻게 이해되는가가 문제되기보다는 오히려 맥락이 어떻게 본문으로 이해될 수 있는가가 더 큰 관심사였다. 이제까지 본문으로 알려지고 본문으로 행세하던 것은 낡은 전통에 속한 것이고, 맥락 속에서 맥락이 본문으로 성장해 오는 것이 신학적 성찰의 대상이 된 셈이다. 맥락 없이는 본문이 무의미할뿐더러 본문은 맥락의 지배 아래 있고 오히려 맥락의 지시가

---

22 *Ibid.*, 67-68.

23 유동식, "복음의 토착화와 선교적 과제," 『도와 로고스』 (서울: 대한기독교출판사, 1978), 51. 이 글은 1962년 10월의 「감신학보」에 "복음의 토착화와 선교적 과제"의 제목으로 실린 것인데, 도서 『도와 로고스』에 다시 게재하였다.

본문을 대신해 버릴 수도 있다."24 맥락, 즉 상황의 절대화가 지닐 수 있는 문제점을 지적한 것이다. 그런데 유동식은 이러한 문제점을 해결하기 위해서 복음의 창조적 현실 적응이라는 복음의 주체성을 강조하고 있는 것이다. 복음의 창조적 현실 적응이라고 하는 것이 맥락을 이해하게끔 해준다는 것이다. 유동식은 본문과 상황 사이의 객관적 거리를 간과함으로써 생겨나는 해석자의 주관성에 본문이 해소되는 위험성을, 복음의 창조적 현실 적응이라는 이해로 모면하고 있는 것이다. 유동식에게 있어서 복음의 창조적 현실 적응이라는 이해는 토착화 논쟁 후에 성육신이라는 개념으로 확대 발전하게 된다.

이러한 토착화론에 있어서의 상황론(Contextualism)은, 한국인이 복음을 이해한다는 것은 곧 한국 문화를 매개로 한국의 재래 종교와 복음 사이의 대화가 이루어지고 있음을 의미하는 것이라는 유동식의 언급25을 통해 볼 수 있듯이 바로 타종교와의 대화를 전제한 선교적 시각을 요구하고 있다. 이 같은 선교적 시각에 있어서의 대화론은 바로 크레머의 여러 노작을 통해서 우리에게 보여지고 있다.

크레머는 교회가 세계를 위해서 존재하는 것이지 결코 자기 자신을 위해 존재하는 것이 아니라는 근본적인 사실을 항상 염두에 두지 않으면 아니 된다26고 밝히고 있다. 이러한 그의 교회 이해는 교회가 선교라는

---

24 김광식, "토착화 재론," 「신학사상」 45집 (1984), 416.
25 유동식, "복음과 재래종교와의 대화문제," 「기독교사상」 (1962. 7.), 57.
26 핸드릭 크레머/유동식, 『평신도신학』 (서울: 대한기독교서회, 1963), 143.

명제로 다시 이해되어야 함을 강조하며, 교회밖에는 구원이 없다는 말이 성서적인 교리가 아니라 그리스도밖에는 구원이 없다는 말이 성서적이라는 것을 깨닫게 되어야 한다[27]고 밝히고 있다. 복음의 선교를 위한 도구로서의 교회에 대한 그의 이러한 이해는 복음과 종교로서의 기독교의 구분을 요구한다. 그의 이러한 입장은 복음과 다른 종교와의 대화 문제를 중시하며, 그것이 가능하기 위해서 복음의 절대성과 관용성이 존중되어야 함을 우리에게 시사해 주고 있다. 복음의 관용성은 다른 종교에 대한 배타적 입장이 아닌, 다른 문화와 함께 존재하는 종교로서의 가치 존중이다. 또한 복음의 절대성은 다른 문화 속에 있는 종교에 구원의 진리성을 인정함이 아닌 그리스도의 진리성만을 인정하는 것이다.[28]

복음 자체가 지닌 관용성의 표현으로서, 선교지의 문화 속에서 그 문화의 터전 속에 들어가서 자기를 이해시키며 커뮤니케이션을 가짐으로써 거기에 뿌리를 박는 것이 복음이다. 그러나 결국은 그 문화 세계를 새로운 것으로 창조하는 복음의 자기실현을 달성한다. 그 문화와 인간을 구원하는 것이다[29]라는 유동식의 설명은 상황 속에서도 그 상황을 이해하고, 그 상황에 맞는 복음의 자기실현을 위한 진리의 절대성을 뜻하는 것이다.

이러한 크레머의 복음의 선교를 위한 타종교와의 대화 가능성의 시각은

---

27 *Ibid.*, 148.
28 편집부 편, 『현대의 신학자 20인』 (서울: 대한기독교서회, 1983), 131.
29 유동식, *op. cit.*, 58.

"유대인의 민족 문화 또는 민족적 종교 문화의 형태 속에서 자라난 복음의 씨를 다른 민족 문화 속에 옮김에 있어서 유대적 토양까지를 옮겨야 한다는 것은 무의미한 일이다"[30]라는 이론적 확장을 요구하게 된다. 그런데 복음의 토착화로서의 상황론은 토착화의 내용인 복음에 대한 본질 규명을 요구하지 않을 수 없게 된다. 이것을 성취하기 위한 이론적 도구를 제시해 준 것은 불트만의 성서의 실존론적 해석으로서 그의 비신화화론이다.

불트만은 신약성서의 신화는 본질에 있어서 유대적 묵시문학과 영지주의의 구원의 신화로 규정되며, 이 두 형태의 신화론의 의미는 그들의 객관적, 구체적 표현에 있는 것이 아니라 양자가 다 같이 표현하려고 하고 있는 인간 실존의 이해에 있다고 설명하면서, 그 내용을 파악하기 위해선 실존론적으로 이해하지 않으면 안 된다[31]고 밝히고 있다. 불트만의 이러한 실존론적 성서 이해론은 유동식에게 복음의 본질 규정을 위해 좋은 도구가 되었는데, 이것은 복음의 토착화를 위한 상황론과 그 이해의 폭을 같이한다고 볼 수 있다. "즉, 성서의 말 자체는 사람의 말인데 그것이 하나님의 말씀을 그 안에 담고 있기 때문에 하나님의 말씀이라고 불리는 것이다. 그러므로 그것은 표상이다. … 이러한 표상이 하나님의 말씀 또는 복음의 의미를 갖게 되는 것은 다만 현재 살아 있는 신앙의 눈으로써만 해석되었을 때만 그러하다. 신앙자에게 있어서만이 직접 인간의 말인 성서가 하나님의 말씀이 된다"[32]라는 유동식의 논지 속에 담겨 있다.

---

30 유동식, *op. cit.*, 47.
31 불트만/유동식, 『성서의 실재론적 이해』 (서울: 대한기독교서회, 1969), 26-27.

또한 유동식은 이러한 불트만의 성서 해석 방법론을 종적인 시대적 차이에 의한 것이라 염두에 두고, 자신은 횡적인 지역적 차이로 확대 수용한다. 횡적인 지역적 차이로 확대되는 이유로 유동식은 같은 시대에 살고 있다지만, 그 풍토와 언어 전통, 민족성을 달리하는 동서 간의 사고 양식과 표현 양식에는 다르며, 동서 간의 문화적 차이는 아무도 부정할 수 없는 것임으로 비서구화의 과제로서 복음의 동양적 이해가 필요하다[33]고 제시한다. 이 같은 비서구화의 과제로서 복음의 동양적 이해가 유동식의 경우에 있어서 토착화론으로 구성되어 제시된 것이다.

유동식의 다음과 같은 토착화론에 대한 명제 속에는 지금까지 우리가 살펴본 나일즈, 크레머, 불트만의 각 이론이 모습을 갖추어 흐르고 있음을 볼 수 있다.

> 토착화는 초월적인 진리가 일정한 역사적 상황 속에서 적응하도록 자기를 변화하는 것이다. 그러나 그 역사적 현실과 타협함으로써 진리가 자기를 잃는 것이 아니라 자신의 독자성과 초월성을 가지고 자기가 처해있는 역사와 세계를 자기의 의도대로 새롭게 창조해나가는 것이다. 그러므로 토착화와 단순한 혼합주의와는 구별되어야 한다.[34]

---

32 유동식, "복음 전달에 있어서의 문제점에 대하여," 「기독교사상」 (1958. 12.): 46-47.
33 유동식, "도와 로고스 — 복음의 동양적 이해를 위한 소고," 「기독교사상」 (1959. 3.), 55.
34 유동식, "복음의 토착화와 선교적 과제," 42.

즉, 복음의 본질 규명을 위한 이론적 도구로써, 불트만의 실존론적 성서 해석의 방법을 따르고 복음의 자기실현을 위한 방법론적 모델로 복음의 상황에 대한 적응을 강조하기 위해 나일즈의 토착화론을 받아들이고, 기독교의 본질인 복음과 타종교와의 대화(이를 유동식이 받아들이는 이유는 한국 종교사가 다종교로 구성됨으로)를 모색하는 것이 유동식의 토착화론이다.

그러나 이러한 이론적 근거에 의해서 유동식의 토착화론을 분석할 수 있다고 해서 그것으로 만족한다면, 이것만으로 정확하게 완결된 이해라고 할 수 없다. 왜냐하면 그가 고백적 언어를 사용해서 제시했듯이 그의 이론적 바탕에 '한국 문화에 대한 크리스천으로서의 애착'이 깔려있기 때문이다. 이러한 심리적 동기를 무게 있는 단어인 '민족애'라고까지는 표현하지 않더라도, 그의 글 속에 흐르고 있는 의도를 발견해야 한다. 그의 이러한 의도를 발견하지 못한다면, 그의 이론은 이론적 구성물에 지나지 않는 것이 되어버린다. 불트만의 이론과 크레머의 입장과 나일즈의 시각들의 조합 그 이상의 의미 효과(meaning effect)가 그의 글 속에 나타나는 것을 인정하지 않는다면 그의 글은 무의미해진다. 그가 도움을 받았던 이론들 이상으로 그의 '한국 문화에 대한 크리스천으로서의 애착'이 바로 그의 토착화론을 의미 있게 만드는 근거가 된다.

3. 토착화 논쟁의 과정

지금까지 유동식의 토착화론의 사상적 전거와 그의 토착화 개념을 살펴보았다. 이젠 이러한 토착화론에 대해 어떤 논쟁들이 있었는가를 살펴볼 필요성이 제기된다. 1962년 감신대학교에서 발행하는 「감신학보」에 실린 유동식의 논문인 "복음의 토착화와 한국에서의 선교적 과제"에 대한 전경연의 반박 논문이 발표됨으로써 1960년대 한국 신학계를 뒤흔들어 놓은 논쟁이 시작되었다.

먼저 전경연은 그리스도교는 한 문화의 현상으로 시작한 것이 아니고, 종교로서, 신앙으로서, 계시의 응답으로서 시작하였고, 그 자기표현이 구체적 시간적 형태를 취할 때도 자연 종교의 예를 따르지 않고 특수한 모양으로 되었는데, 곧 예배 의식의 예술적 표현에 앞서서 설교와 고백이 세워졌다고 단언하면서[35] 그리스도교와 문화 현상을 먼저 구분해서 생각할 필요성이 있음을 전제한다. 그러나 계시의 사건이 말씀이 되었다는 것은 말씀이 언어와 문장 또는 문학으로 전개되며, 인간의 이성과 사고를 움직이고 학문에까지 형성되는 것임으로, 신학이란 것은 기독교 신앙에 덧붙인 무엇이 아니고, 그 본질적 표현의 하나라고 함으로써 문화 현상 자체도 말씀이 확대된 표현으로 설명하고 있다. 그러나 전경연은 문화 동기와 신앙고백의 동기는 서로 다르다고 강조한다.[36]

계속해서 그는 복음이 어느 민족에게 들어가 할 일은 자기 모습대로의 인간을 하나님께 면대시키는 일이며, 신앙은 신앙으로 존속해야지 문화로 변질되어서는 안 되며, 그리스도교는 문화와 분리할 수 없었으나, 문화에 의존하지 않고 성서와 신앙고백에 의존하여 왔다고 전제한다. 그러므로

---

35 전경연, "기독교문화는 토착화할 수 있는가," 「신세계」 (1963. 3.): 84-85.
36 *Ibid.*, 86.

기독교가 전해질 때 그것을 신앙으로 받을 가능성과 문화로 받을 가능성이 생기는 데 문제가 깃들었다고 전경연은 밝히면서, 그리스도교가 선교된다는 것은 교회와 신앙고백을, 곧 전통을 전제해야 된다[37]고 제시한다.

전경연은 그리스도교가 선교되었을 때, 그 땅에서 생겨난 전통이 없기 때문에 서구에서 형성된 신앙의 표현을 그대로 번역하여 쓰게 된 것이라고 밝히면서, 한국의 경우도 이런 이유로 자기의 주체성에 있어서의 신앙고백을 표현하지 못하고 그런 여유를 가지기 전에 서구의 전통을 그대로 번역하여 쓰게 된 것[38]이라고 설명한다. 그래서 그리스도 신앙의 토착화 문제는 재래 종교의 신앙 형태나 민족 특유의 예술 전통을 어떻게 살리느냐 하는 문제가 아니고, 모든 소재가 복음의 공격에 의하여 불살라지고 그 잿더미에서 새롭게 솟아나는 새싹이 어떤 것이겠는가 하는 문제[39]라고 그의 논지를 밝히고 있다. 또한 한국에서 그리스도 신앙이 산 신앙이 되려면 성서에서부터 서구의 문화 전통에 침전되어 있는 핵심적 신앙고백에 모순을 일으키지 않는 내용이, 정직한 우리의 말과 사상과 다른 표현 형식으로 역사적이고 책임적인 표현이 될 때이기 때문에 그리스도 신앙의 토착화는 한국에 있어서의 참된 그리스도 고백이 실현되며, 모든 재래의 그릇된 표현을 시정할 수 있고, 그것으로 한국 사람의 구원이 되는 어떤 '성격 형성'으로 이루어질 것[40]이라고 그 자신의 입장에 입각한 토착화의

---

37 *Ibid.*
38 *Ibid.*, 87.
39 *Ibid.*, 89.

방안을 제시하고 있다.

이러한 전경연의 어떤 '성격 형성'으로서의 토착화론은 우리의 말이나 사상과 다른 표현 양식으로 전개되어야 한다고 단언함으로써, 이러한 표현 양식이 나오지 않는 한 더 신학적이고, 신앙 내용을 잘 나타낸 서구의 표현 양식을 번역하여 음미할 수밖에 없다[41]고 확언한다. 이러한 확언은 유동식이 제시한 토착화의 방향에 대해 반대를 명백하게 표시한 것이다. 그런데 이러한 반대의 이면에는 계시 종교에 대한 강조와 자연 종교의 형태로 인식한 한국 종교 문화에 대한 배타성을 드러내 보여준 것이다. 전경연의 이러한 배타성의 표시는 바르트의 신학적 입장에서 제시되는 것으로 보인다.[42]

이러한 논쟁의 차이점에 대해 김광식은 "유동식의 토착화 원리가 복음의 자기부정과 주체성이라는 변증법적인 것이라면, 전경연의 토착화의 원리는 민족 전통의 자기부정과 신앙고백적 표현이라는 양자택일식 방법을 택하고 있으며, 양자가 다 같이 그릇된 혼합주의적 습합에는 반대하고, 양자가 모두 복음의 본질 규명 내지 신앙고백의 전통 고수라는 의미에서 기독교적 아이덴티티에 대한 해석학적 관심을 가지고 있다"[43]고 평가하면서 논쟁의 당사자들이 염두에 두지 않았던 해석학에 대한 문제를 지적한다.

---

40 *Ibid.*, 89.

41 *Ibid.*, 88.

42 심일섭, "한국신학형성사 서설 (中)," 「기독교사상」 (1972. 12.), 113.

43 김광식, "1960년대 한국신학의 토착화 논쟁에 대한 소론," 『토착화와 해석학』 (서울: 대한기독교출판사, 1987), 42.

논쟁의 시작에 있어서 유동식이 기독교 복음의 토착화를 선교적 동기에서 제기한 것이라면, 전경연은 한국의 문화적 전통의 기독교화를 문제 삼은 것이다.

전경연의 이러한 반박에 대해 유동식은 "기독교 토착화에 대한 이해"라는 제목의 글[44]을 「기독교사상」에 게재하게 되었다. 이로써 「감신학보」와 「신세계」라는 제한된 영역에서 탈피하여 폭넓은 독자를 확보하며 논쟁을 전개할 수 있게 되었다.

유동식은 전경연의 글의 내용인 "서구의 표현 양식을 번역하여 음미할 수밖에 없다"는 부분을 인용하면서, 한국인에게는 한국인으로서의 신앙과 교회가 있어야 하며, 한국의 그리스도교가 결코 서구적인 전통과 형식에 대한 단순한 모방이나 맹종일 수 없는 것이기 때문에 우리는 마땅히 우리를 구원하여 주시는 하나님께 대한 우리의 신앙과 우리의 표현 형식이 있어야만 할 것이라고 반박하며, 여기 그리스도교 토착화론이 대두되는 의미가 있고 내용이 있다[45]고 밝힌다. 또한 토착화는 복음의 변질을 목적하는 것이 아니라 초월적인 진리가 어떻게 그 생명력을 실천하느냐 하는 방법론에 대한 명칭[46]이라고 그의 논지를 재확인한다. 그런데 유동식은 자신의 논점을 재확인하면서도 그 자신이 처음에 제기한 복음의 주체성을 더 이상 언급하지 않는다. 유동식은 전경연의 논점에 대한 반박으로서,

---

44 유동식, "기독교의 토착화에 대한 이해," 「기독교사상」 (1963. 4.): 64-68.

45 *Ibid.*, 64-65.

46 *Ibid.*, 66.

한국인 내지 한국인의 복음 수용의 주체성을 강조하게 된다.[47] 이러한 논점의 변화가 이후 유동식의 토착화론의 중심 위치를 점하고 있게 된다. 그리고 유동식은 말미에서 한국의 올바른 교회 성장을 위한 복음의 토착화를 위해 몇 가지를 과제로 제시한다.[48] 즉, 첫째로 해석학과 비신화론, 비서구화론을 통한 복음의 본질 규명, 둘째로는 타협적인 혼합 현상과 복음의 왜곡을 방지하기 위한 한국적 바탕에 대한 전이해, 셋째로는 복음의 토착화를 위한 한국 신학의 수립과 복음 신앙의 한국적 표현, 마지막으로는 한국 풍토에 맞는 교회 구조 등이 그것이다.

이러한 유동식의 입장에 대해 전경연은 "기독교 역사를 무시한 토착화 이론은 원시화를 의미"라는 제목의 글[49]을 발표한다. 전경연은 "토착화를 기독교가 어김없이 한국의 것이며, 서구의 종교처럼 보이지 않으려면 어떻게 하겠느냐 하는 것이라고 이해한다"[50]고 그의 글 서두에서 밝히면서, 유동식은 기독교의 본질을 그리스도 안에서의 하나님과의 직접적인 대화라고 이해하기 때문에 그 대화의 결과로써 어떤 문화적 산물을 기대하는 것 같다고 그의 의견을 피력하며, 이와 관련해서 토착화라는 것은 그 땅에 뿌리 내리는 여부를 말하는 것이지, 어떤 문화적 표현을 찾아서는 안 된다[51]고 밝힌다.

---

47 김광식, *op. cit.*, 43.
48 유동식, *op. cit.*, 67-68.
49 전경연, "기독교 역사를 무시한 토착화 이론은 원시화를 의미," 「기독교사상」 (1963. 5.): 22-28.
50 *Ibid.*, 22.

전경연은 계속해서 토착화 문제는 기존의 전통을 신앙고백에 의하여 해석하는 문제라고 규정하며, 그리스도교의 진리는 "초월적인 진리가 일정한 역사적 정황 속에 자기를 변화하는 진리가 아니다"[52]라고 단언함으로써 유동식의 논지에 정면으로 반대한다. 그리고 말미에선, 유동식이 밝힌 제안들에 대해서, 기독교가 외래 종교라는 것은 그 선교 내용이 모든 민족의 전통과 다른 것이기 때문이지 서구에서 자라난 것이 아니므로 신학에 평신도 신학이 따로 있고, 한국적 신학이 따로 있는 것이 아니고, 생을 바쳐 찾는 신학은 하나가 있을 뿐[53]이라고 기존의 입장을 되풀이한다.

두 차례에 걸친 이러한 의견 표명은 결국 유동식의 상황론에 근거한 토착화론의 중심 주제인 기독교 진리의 전달 문제에 대해 구체적인 토론이 벌어진 것이 아니었다. 다만 논쟁이 기독교 진리 자체에 대한 논증으로 일관함으로써 상호 간에 논쟁의 초점에서 벗어난 토론이 진행되었다.

이러한 두 교수 사이에서 중심을 이탈한 논의에 대해 이장식은 "기독교 토착화는 역사적 과업"이라는 제목의 글[54]을 발표함으로써 논의의 중심 주제를 가시화시키고 있다. 먼저 이장식의 글은 전경연의 논지에 대한 비판으로 시작한다. 이장식은, 토착화론이 기독교 역사를 무시하는 것이라는 전경연의 논제에 대해서, 오히려 기독교 역사의 일면은 토착화의 역사였

---

51 *Ibid.*, 23.
52 *Ibid.*, 26.
53 *Ibid.*, 27.
54 이장식, "기독교 토착화는 역사적 과업,"「기독교사상」(1963. 6.): 36-44.

으며 기독교의 한국 토착은 기독교의 보편성을 왜곡시키기는커녕 오히려 기독교의 유일무이한 특수 진리를 보편화시키는 것이며 세계성의 확대 운동[55]이라고 설명한다. 그리고 토착화 운동은 본토민 교인들의 주체적인 선교적 자각과 복음에 대한 반응에서 되는 것이지, 서양인들의 동양 전통에 대한 찬양에 자극받아 하는 일이 아니라고 단언함으로써 전경연의 토착화 운동에 대해 비하적 평가를 반박함과 아울러 토착화 문제는 세계 선교와 에큐메니컬 운동과 기운을 같이하며 전개되는 것임을 알아야 한다[56]고 설명한다. 이러한 이장식의 전경연의 논지에 대한 반박은 토착화론의 위상이 어떠한 것인지에 대해 정확한 위치 설정을 제시한 것이다.

또한 전경연과 유동식의 논쟁의 초점이 된 기독교와 문화의 관계에 대해서, 그는 만일 기독교나 그 신앙고백을 서구의 문화와 분리할 수 없다고 한다면, 기독교에서 문화를 무시하거나 혐오할 수 없다는 말이 아닌가라고 반문하면서 문화 그 자체는 중성적인 것[57]이라고 그의 입장을 제시한다. 그리고 토착화 개념에 대해서는 전경연의 입장이 토착화 개념의 착오에서 비롯된 것이라고 몰아붙이면서, 우리는 하나님과 상관이 없던 세속적이고 원시적인 문화들을 말살하거나 불태워 버리는 것이 아니고 (실은 그렇게 되지도 않지만), 오히려 그것을 기독교의 세례로써 성화시키고, 시정하고, 순화하여 복음을 노래하며 하나님을 섬기는 것이 되게 하기

---

55 *Ibid.*, 36-37.
56 *Ibid.*, 41.
57 *Ibid.*, 41.

위함이라고 끝을 맺는다.58 이처럼 이장식은 유동식과 전경연 사이에서 제기된 논점의 불명료성을 바로 바라볼 수 있도록 교정시켜 놓았다.

유동식의 논문으로 제기된 논쟁의 내용을 정리하면 다음과 같다. 첫째로는 복음에 대한 인식의 차이로서, 유동식은 복음을 상황에 적용하는 자기부정의 논리로 파악한 반면, 전경연은 복음을 하나님의 자기 계시로서 어떤 역사적 상황 속에서도 변하지 않는 절대성을 강조하였다. 둘째로는 토착화의 모델로서, 유동식은 복음의 전달 문제에 초점을 둔 반면, 전경연은 복음의 절대성과 보편성의 강조에 그 관심을 보였다. 셋째로 교회 조직의 문제에 있어서, 유동식은 한국의 풍토에 맞는 교회 조직의 문제를 언급한 데 대해 전경연은 기독교 종교는 제도 이상의 것이므로 제도에 신경을 쓸 필요가 없다고 밝혔다.

유동식을 중심으로 한 논쟁이 이루어지고 있던 비슷한 시기에 윤성범과 박봉랑을 중심으로 한 논쟁이 「사상계」를 통해 이루어졌다. 그리고 이러한 논쟁의 과정들을 지켜보던 몇몇 소장 학자가 토착화 논의에 대한 자신들의 입장을 개진하였다. 정하은의 "신학의 토착화 기점"59, 한태동의 "사고의 유형의 토착 문제"60, 한철하의 "토착화 문제를 둘러싼 사상적 재혼란"61과 "비판적 입장과 토착화 문제"62, 홍현설의 "토착화론의 기능면과 불가능

---

58 *Ibid.*, 43-44.
59 정하은, "신학의 토착화 기점," 「기독교사상」 (1963. 7.)
60 한태동, "사고의 유형과 토착문제," 「기독교사상」 (1963. 7.)
61 한철하, "토착화문제를 둘러싼사상적 재혼란," 「신학지남」 (1963. 9.)
62 한철하, "비판적 입장과 토착화 문제," 「신학지남」 (1963. 12.)

면"63 그리고 이규호의 "토착화론의 철학적 근거"64들이 그것들이다.

4. 토착화 논쟁의 한계

지금까지 살펴본 유동식을 중심으로 한 토착화에 대한 논의는 그 당시 십여 명의 소장 학자들이 관심을 보임으로써, 한국 신학계에 신학적 토론의 장을 열어주는 계기가 되었으며, 한국 신학을 형성하기 위한 노력들에 참여할 수 있는 계기를 제공했다. 논쟁의 결과, 유동식은 토론의 과정에서 제기된 부분들을 정리하여, 『한국 종교와 기독교』를 단행본으로 1965년에 출간했다. 유동식은 이 단행본의 출간을 계기로 그 이후 계속된 토착화론에 대한 연구들을 이루어낼 수 있었던 계기로 삼았다. 김광식은 당시의 토착화론에 있어서 쓰인 '토착화'라는 말의 뜻에 대해서 언급하기를, 한국의 종교 내지 문화와의 만남이라는 차원에서 기독교 신학을 재정립하려는 것으로서 이해했는데, 이는 첫째로 서구 신학이 우리의 정신 문화에 대하여 이질적이라고 한 것과 둘째로 서구 신학과 한국의 문화 내지 사고방식과의 동질적 내지 공통적 요소들 비교법을 써서 찾아내고자 하였고, 셋째로 한국인의 독자적 신학의 가능성을 타진하였다65고 평가한다.

유동식을 중심으로 한 1960년대 초반의 토착화론에 대한 논의는 기독

---

63 홍현설, "토착화론의 가능면과 불가능면," 「기독교사상」 (1963. 8, 9월 합본.)

64 이규호, "토착화론의 철학적 근거," 「기독교사상」 (1963. 10.)

65 김광식, "토착화신학의 해석학적 국면에 대한 연구," 「성국논총」 16집 (1985): 181-183.

교 문화와 기독교의 본질이라고 할 수 있는 복음의 구별과 그러한 결과로써 생겨난 복음의 전달 문제로서 한국 문화 내지 사상과의 관련성을 문제 삼았다고 볼 수 있다. 그런데 이러한 두 가지 문제의식은 그 내용에 있어서 사실상 동일한 관심 방향의 일관성에도 불구하고 논쟁 자체에서 심도 있게 제기되지 않은 부분들이 있다. 이 부분들이 사실상 1960년대 토착화론 의 한계로 부상된다. 토착화론의 한계를 검토하기 전에 먼저 우선 논쟁의 결과물이라 할 수 있는 유동식의 『한국 종교와 기독교』 내용을 살핌으로써, 토착화 논쟁의 한계를 살펴 보고자 한다.

유동식은 토착화 논쟁에서 일관되게 주장했던 복음의 전달 문제, 즉 선교적 관심을 이 책에서도 주요한 논술의 방향으로 삼고 있다. 그 관심을 해결하기 위해서 취한 방식은 책의 제1편에서, 먼저 복음의 선교 대상이 되는 한국인과 그 종교적 유산을 더듬기 위해서 한국 종교사를 취급하고 있으며, 제2편에선 앞장의 결과를 통해서 복음의 입장에서 본 한국 종교의 의미와 위치를 제시한다. 유동식이 제1편에서 한국 종교사의 내용들을 검토한 후에 "한국에 있는 수많은 재래 종교의 의미는 무엇인가"[66]라고 반문하며, "이것들의 의미를 복음의 입장에서 해명하고자 한다"[67]고 밝히 는데, 유동식이 복음과 재래 종교를 거침없이 면대시키는 까닭은 본회퍼의 비종교화론을 염두에 둔 것이다. 그런데 이러한 논리적 도약은 불트만의 비신화화론을 그 자신이 비서구화로까지 확대 해석한 데 기인한다. 논리적

---

66 유동식, 『한국종교와 기독교』 (서울: 대한기독교서회, 1965), 151.
67 *Ibid.*, 153.

과정의 결과로써 이에 이르게 된 것이다. 이에 관해서 유동식은 다음과 같이 밝히고 있다. "요컨대 종교적인 것은 기독교 복음의 본질적인 것이 아니다. 우리가 본질적인 복음을 이해하고 살기 위해서는 비종교화해야 하고 종교 없는 기독교로 돌아가지 않으면 안 된다. 그러할 때만 성서적인 메시지를 바로 이해할 수 있고, 종교를 필요로 하지 않는 현대인들에게 이 복음의 메시지를 전달할 수 있는 것이다."[68] 이처럼 유동식은 본회퍼의 비종교화론을 받아들여 복음의 전달 문제를 재개하는데, 이것은 유동식 자신이 논쟁의 과정을 거치면서 제기된 한국 종교 문화 전통에 대한 숙고와 기독교를 받아들이지 않고 있는 전체 한국인에 대한 선교적 관심으로써 요청되어 제기되는 것이다.

이에 관해서 그는 다음과 같이 명백하게 밝힘으로써, 복음과 재래 종교가 만나는 근거를 제공한다.

종교로서의 경험적인 기독교와 한국의 재래 종교와의 사이엔 직접적 연관성이 있을 수 없다. 하나의 종교로서의 기독교는 타종교에 대해서 상대적인 위치에 있을 것뿐이다. 결코 기독교가 모든 종교를 심판하는 종교적 아프리오리(a priori)가 될 수는 없기 때문이다. 기독교를 포함한 모든 종교적 아프리오리(a priori)가 될 수 있는 것은 복음이며 그리스도 자신이다. 하나님의 완전한 계시자로서의 그리스도만이 세계 인류의 길이요, 진

---

68 유동식, 『도와 로고스 ― 선교와 한국신학의 과제』 (서울: 대한기독교서회, 1978), 207.

리요, 생명이 되는 것이다. 그러므로 기독교를 포함한 모든 종교는 이 그리스도의 심판 아래에 존재한다. 이러한 의미에서 한국의 재래 종교가 어떤 의미를 갖는 것은 이 그리스도와의 관계 여하에 있다. 역사적인 기독교와의 연관성 여하에 있는 것이 아니라 그리스도 곧 복음을 어떻게 반영했는가 또 반영하고 있는가에 있는 것이다.[69]

이처럼 유동식은 복음의 입장에서 재래 종교를 취급하게 되는데, "한국의 재래 종교가 의미 있다는 것은 종교 자체의 가치에서가 아니라 어느 만큼의 복음의 진리를 반사하고 있으며, 그로써 구원의 가능성을 내포하고 있는가에 달려 있다"[70]고 밝히면서, 이 입장에서 재래 종교를 검토한다.

먼저 유동식은 무교를 검토하여, "복음의 입장에서 무교는 무의미한 것이며 제일 먼저 극복되어야 할 대상이라고 밝히고, 다만 무교가 복음이 개재할 여지를 만들어주는 구실을 제공했다"[71]고 평가한다. 그다음으로 불교의 경우에 있어 원효의 일심화쟁론(一心和諍論)을 들어서 "원효를 그리스도 이전의 크리스천으로 명명하고, 그 속에 복음의 핵심이 반사되어 있다"[72]고 평가한다. 그리고 유교에 있어서는 "유교의 자기중심주의적 이기주의를 반복음적인 종교성의 절정에 있는 것이며, 이 또한 극복되어야

---

69 유동식, 『한국종교와 기독교』, 176.

70 Ibid., 178-180.

71 Ibid., 181.

72 Ibid., 182.

할 것"73으로 파악한다. 끝으로, 천도교의 경우에는 "시천주(侍天主)에서 인내천(人乃天)을 일관하는 천도교의 중심 교리를 복음적 진리의 한국적 표현"74이라고 극찬한다.

이러한 검토를 바탕으로 유동식은 한국 종교들을 기독교가 없었던 시대에서 그리스도의 복음의 빛을 반사하던 위성들이었던 것75으로 파악한다. 이것이 한국의 재래 종교가 지난 복음과의 관련된 의미이며 위치이다. 이러한 의미와 위치에서 유동식은 복음과 재래 종교를 연대시키면서 복음의 토착화론을 제시한 것인데, 이 토착화론이 선교적 방법론의 하나로 제시된 것이다. 이러한 유동식의 입장 정리는 토착화 논쟁의 과정을 통해서 개진되었던 것이며, 심화된 것이다. 그런데 이러한 기왕의 논의에 있어서 제기되어야 했던 것들로는, 첫째로 유동식 자신의 논지에 있어서 중요한 근거가 되는 우주적 그리스도와 관련된 역사적 예수의 문제와 둘째로 자연 종교와 관련된 자연 계시의 문제 그리고 셋째로 비종교화의 문제와 관련해서 한국의 재래 종교의 비종교화 문제 등이 있다. 이에 관해서 유동식은 철저한 검토 없이 이론화를 시도했던 것이다.

1963년과 1964년에 진행된 토착화 논쟁을 정리하고자 하는 듯한 좌담회가 「기독교사상」에 의해서 이루어졌다.76 이 좌담회는 유동식의

---

73 *Ibid.*, 183.
74 *Ibid.*, 183.
75 *Ibid.*, 184.
76 "한국종교와 기독교 — 유동식 교수의 저서를 중심하여," 「기독교사상」 (1965. 11.): 78-84.

저서『한국종교와 기독교』에 대한 평가와 토론 형식으로 이루어졌다. 이 토론의 내용들이 유동식의 토착화에 대한 기존 학계의 평가이며 입장 제시였음은 두말할 필요가 없다. 이 좌담회에는 지명관, 김용옥, 이장식이 참석했다.

먼가 김용옥은 유동식의『한국종교와 기독교』의 문제의식에 대하여, 타종교와 기독교와의 대화를 목적으로 해서 기독교가 선교적 과업을 수행하는 데 있어서 한국 내 타종교들이 남겨 놓은 한국인의 심성을 밝혀 선교의 방법론 같은 것을 생각해 보고자 한 것 같다[77]고 이해한다. 이어 이장식도 유동식이 재래 종교의 경우 한국 복음 선교를 위해서 어떤 준비적 역할을 한 것이 있다고 보는 것 같다고 평하면서, 어떤 의미에서 일반 계시를 인정하는지, 다른 종교에도 계시의 가치가 있다고 하는지 소위 자연 신학의 여지가 남는다[78]고 밝힌다. 또한 지명관은 재래 종교를 하나의 심성 문제로만 볼 것이 아니라 하나의 사회 현상이라 보아야 하겠는데, 그러면 그것이 사회에 어떤 영향을 주었는가 하는 문제도 다루어야 한다[79]고 그의 입장을 제시한다. 그리고 김용옥은 저자의 경우에서는 한국에 있어서의 비신화화라고 하는 것은 한국인의 심성 가운데 영향을 준 재래 종교의 종교 개념을 제거하는 그런 것인지 비신화화해야 한국인의 기독교 심성에 맞다고 하는 말인지 의심스럽다[80]고 밝힌다.

---

77 *Ibid.*, 79.

78 *Ibid.*

79 *Ibid.*, 81.

위에서 언급한 세 토론자의 의문을 정리하면 다음과 같다. 우선 불트만의 실존론적 성서 해석에 있어서 불트만의 해석학에 대한 유동식의 확대 해석의 경과에 대한 문제점의 제시이며, 둘째로 지명관의 의문대로 사회적 상황에 대한 구체적 언급의 결여에서 생기는 한계이며, 셋째로 소위 자연신학의 문제에서 노출되는 기독교 계시의 문제 등이다. 이러한 세 가지의 물음들이 유동식의 이론에서 한계점으로 제기되는 것이다. 토착화 논쟁의 과정에서도 전경연의 반박은 사실상 이러한 부분들에 대한 것이었다. 이에 관해 토착화 논쟁의 전모에 대해 검토한 바 있는 심일섭도 마찬가지의 결론에 도달했다. 그에 따르면 "기독교 신앙과 민족의 전통적 문화와의 관계, 한민족의 종교 습합성과 복음 선교의 과제, 민족주의와 기독교의 한국화 문제, 한국 신학을 위한 전이해(해석학)의 문제"[81] 등의 네 가지를 한계로 제시하고 있다.

그런데 이러한 의문들이 제기되는 이유는 논쟁의 과정에서처럼, 불트만의 성서 해석학의 과제이자 방법이라 알 수 있는 실존론적 성서 해석에 대한 이해 부족에 기인했다고 볼 수 있다.[82] 이것은 해석학이 사태를 올바르게 파악하는 성서 해석의 원리인지, 혹은 이로 말미암아 사태와

---

80 *Ibid.*, 84.

81 심일섭, "한국신학 형성사 서설 (下)," 「기독교사상」 (1973. 5.), 101.

82 불트만의 성서해석학를 이해하기 위한 연구들이 토착화 논쟁이 정리될 시기에 논쟁의 당사자였던 전경연 교수와 허혁 교수 사이에 논쟁의 형식으로 이루어졌다. 전경연, "계시의 인식과 해석학," 「기독교사상」 (1964. 1.); 허혁, "불트만의 인간," 「기독교사상」 (1964. 2.); 전경연, "성서의 인간학적 전제와 그 한계," 「기독교사상」 (1964. 3.)

생소한 하나의 원리가 외부로부터 성서로 적용되어 하나의 현실적인 이해를 개방하는 것인지, 아니면 오히려 차단하는 것인지에 관한 의문[83]에서 발생한다. 유동식은 전자의 입장을 지지했다. 후자의 문제에 대해서 유동식은 구체적 고려를 간과한 것이다. 이와 관련해서 김광식은 "토착화신학이 전통문화와의 만남에서 생겨난 기독교 신학의 해석학적 과제에 대한 하나의 시도이기 때문에, 토착화신학은 한편으로 전통문화에 대한 신학적인 연구와 함께, 다른 한편으로는 기독교 신학의 전통에 대한 해석학적 연구를 전제해야 한다"[84]고 해석학적 문제와 관련해서 생겨나는 여러 문제를 두 방향으로 정리하여 제시하였다. 그러나 유동식의 입장은 불트만의 해석학에 이어서 제시하는 방법론을 따라 한국인의 종교 심성을 형성했다고 판단한 재래 종교를, 복음 이해를 위한 소위 '전이해'로 확대해서 파악함으로써, 복음의 토착화론을 제시한 것이기 때문에 김광식이 지적하는 바처럼 '기독교 신학의 전통에 대한 해석학적 연구'는 충분히 검토되지 않았던 것이다. 유동식에게 있어서, 논의의 시작은 철저하게 복음의 전달이라는 현실적 필요성에서 제기되었지만, 필요성이 제기되는 현실의 상황에 대해선 구체적인 고려가 없었던 것이다. 유동식에게는 이러한 현실의 고려보다 자기 자신의 내면세계에서 제기되는 개인적인 물음들이 더욱더 중요한 현실 문제로 제기되었던 것이다.

그리고 지명관이 제기한 사회적 상황에 대한 언급은 토착화론에 대한

83 E. 코레트/신귀현, 『해석학』 (서울: 종로서적, 1985), 17.
84 김광식, 『토착화와 해석학』 (서울: 대한기독교출판사, 1987), 209.

논쟁이 정리되고 난 후, 서구 신학의 조류를 타고 국내에서도 세속화론이 연구되고 검토됨으로써, 구체적으로 제시될 수 있었다. 이러한 세속화론을 소개하고 검토한 이들은 1970년대에 들어서 한국의 정치적 상황을 고려하여 토착화신학의 비판자들로부터 등장한다. 이에 관하여 변선환은 1960년대의 토착화 논쟁의 추이를 신학 사조와 연결시켜 다음과 같이 평가한다. "바르트의 계시 신학이나 본회퍼의 비종교적 세속화 신학의 강한 영향 아래 있었던 1960년대의 신학적 분위기 속에서 토착화신학의 강한 동조자를 얻는다는 것은 무리한 요구이었는지 모른다."[85] 변선환의 이러한 평가와 이미 앞서 살핀 서남동의 1960년대 신학 사조에 대한 인식을 염두에 둔다면, 유동식의 토착화론은 바르트(K. Barth)와 본회퍼의 틈바구니에서 불트만의 신학을 따라 힘겨운 논의를 제기한 것으로 보인다. 이상과 같이 논쟁의 전 과정을 살펴보면 논쟁 외엔 현실적인 결과를 얻지 못한 것으로 보인다. 다만 신학적 배경에 따른 그 논의의 현실적 차이가 얼마나 큰 것인가 하는 간격을 들어내 보였을 따름이다.

이러한 방법론상의 의문들을 뒤로한 채, 유동식은 토착화론의 정리로서 1965년에 『한국종교와 기독교』를 출간했던 것이다. 유동식은 1960년대 초반의 복음의 토착화론을 정리하며 복음의 토착화론의 명칭으로 선교신학을 제시한다. 이에 관한 유동식의 설명은 다음과 같다.

---

85 변선환, "타종교와 신학," 「신학사상」 47집, 690.

토착화는 복음의 변질을 목적으로 하는 것이 아니다. 다만 초월적인 보편적 진리가 어떻게 개별적인 현실 속에 내재하여 그 생명력을 발휘하게 하느냐 하는 방법론에 대한 명칭이다. 민족성을 초월한 복음이 어떻게 구체적인 민족을 구원하는 산 힘이 되느냐 하는 선교적 방법론의 문제이다. 물론 근본적으로는 복음 자체 곧 성령 자체가 활동하실 분야이다. 그러나 선교가 인간의 결단과 활동을 요청하느니만큼 인간적인 노력의 요소로서의 토착화가 문제되고 요청되는 것이다.[86]

토착화 논쟁의 과정에서 나타난 유동식 개인의 논리적 한계와 과제에도 불구하고 1960년대의 토착화 논쟁은 유동식 개인에게 있어서 한국 신학의 형성을 위한 노력의 디딤돌이 되었다. 또한 이것은 한국 신학계의 시대상을 반영하는 시대정신으로 드러난다. 논쟁 이전의 단계가 단순히 서양 신학을 소개하는 데 그쳤다면, 이후의 신학 연구는 한국 신학을 정립하고자 하는 노력으로 관심의 방향 전환을 이루게 하는 하나의 획[87]을 긋게 한 이정표가 되었다. 이러한 노력의 연장선상에서 많은 신학적 논문이 「기독교사상」과 같은 전문 학술지를 통해서 토착화 논쟁 이후 발표되었다.[88]

---

86 유동식, *op. cit.*, 248-249.
87 김광식, "1960년대 한국신학의 토착화논쟁에 대한 소론," 55.
88 이에 관해선 김광식, "토착화 신학의 해석학적 국면에 대한 연구," 「성국논총」 16집 (1985), 181의 주석 14)를 참조하기 바란다. 이 논문은 『토착화와 해석학』에 전재되어 있다.

II. 한국 무교의 연구와 종교 ― 우주적 신학

1. 유동식의 복음 이해

1960년대 유동식의 신학 형성(제2기)에서 이미 살펴보았듯이, 유동식은 불트만의 실존론적 성서 해석의 방법과 본회퍼의 비종교화론에 힘입어 복음에 대한 독자적인 자기 해석을 성취하였다. 복음에 대한 유동식의 해석과 이해는 토착화론의 중심 주제이며 토착화의 내용물 그 자체이다. 이러한 복음의 이해에 대한 과정을 살펴보는 것은 1970년대에 생성된 한국 무교의 이해를 뒷받침해 주는 받침목이 된다. 왜냐하면 유동식은 기독교와 한국 종교와의 관련해서 토착화론을 제시했던 것이 아니라 기독교의 핵심이며 주제인 복음과 한국 종교의 만남을 시도했기 때문이다. 그래서 복음의 입장에서 한국 종교사를 검토하고 토착화의 가능성을 시사해준 것이다. 이것이 1960년대의 토착화론의 내용이다.

그러나 1970년대에 들어서면서 유동식은 기독교에서 복음의 내용을 추출했던 것처럼 한국 종교사에서 한국 종교의 내용이며 원형을, 엘리아데의 종교현상학의 방법을 사용해서 구형화시키고자 한다. 1970년대의 이 과정을 이해하기 위해선 유동식이 성취한 복음의 이해를 먼저 살펴볼 필요가 있다. 왜냐하면 유동식은 자신이 성취한 복음 이해를 바탕으로 해서 한국 무교를 이해하기 때문이다. 유동식에 있어서 무교 연구는 하나의 개별적 학문 분야의 주제로서 이루어지는 것이 아니고, 1960년대 토착화 논쟁의 연장선상인 선교신학적 관심에서 이루어지고 있기 때문이다. 그러고 나서 유동식의 무교 연구의 내용을 검토하고자 한다.

유동식은 자신의 독자적인 복음의 이해를 성육화, 십자가 부활로 표현한다. 먼저 성육화에 대해서 유동식은 다음과 같이 설명한다. "하나님께서 그리스도 안에서 인간과의 사귐(koinonia)을 회복하였는데, 이는 전적 타자이신 하나님께서 어떻게 이 세상의 사람들과 사귐을 가지셨는가? 그것은 하나님의 말씀이 육신이 되어 우리 가운데 거하심으로써 이루어졌다(요 1:14). 이러한 사귐은 인격적인 상호 내재를 의미한다. 하나님께서는 '말씀이 육신이 되어 우리 가운데 거하심'으로써 인간의 운명에까지 동참하시고, 죽음을 향한 존재의 운명을 대신 지신 것이며, 인간은 또한 그리스도 안에서 하나님의 영광과 생명에 참가하고 나누어 갖게 되었다. 이것이 그리스도 안에서 이루어진 하나님과 인간의 사귐이며, 여기 인간의 구원이 있다. 이것이 복음이다."[89] 유동식은 이러한 성육신의 사건을 하나님께서 인간과의 사귐을 위해 이 세상에 토착화하신 것으로 이해하며, 하나님께서 결코 자기를 고집하지 아니하시고 "자기를 비워 없이 하시고(빌 2:7)" 사람들과 같이 되심으로써 사람들과의 사귐을 가지고 사람을 구원하여 하나님의 자녀가 되게 하셨다[90]고 설명한다.

이러한 성육신의 사건을 통해서 복음은 하나님께서 자기부정(虛化)[91]을 매개로 인간과의 사귐을 가지시고 인간으로 하여금 차원이 다른 하나님의

---

89 유동식, 『도와 로고스』 (서울: 대한기독교출판사, 1978), 40-41.

90 *Ibid.*

91 *Ibid.*, 46.

자녀가 되게 하셨다는 데 있다는 십자가의 사건으로 전이된다. 유동식은 십자가의 사건, 즉 자기부정을 자기 해탈을 목적한 관념론적인 자기 결단이 아니라 그리스도의 계명에 따라 그리스도와 함께 세상의 인간의 자유와 복리와 인권의 존엄 향상에 봉사하기 위해 구체적인 현실적 인간관계에서 자기를 부정하는 윤리적 결단[92]이라고 제시한다.

이러한 자기부정을 통해서 인간은 새로운 존재가 되는 것이다. 그러므로 십자가는 이러한 자기부정에 역사화된 사건이며 그리스도의 부활은 바로 새로운 존재와 세계의 탄생을 뜻한다[93]고 유동식은 밝힌다. 그러므로 유동식이 이해한 복음은 하나님의 성육신에 의해서 실현된 하나님의 자기부정, 곧 십자가에 의해서 성취된 인간과의 관계 회복의 의미를 말한다고 하겠다. 이러한 과정에서 인간 개인은 십자가의 부정성을 받아들여 결국 새로운 인간으로 탄생된다는 것이다. 이에 관한 유동식의 설명은 다음과 같다.

복음은 곧 하나님의 말씀이 그리스도 안에서 인간이 되시었다는 사실이다. 그러므로 그리스도로 말미암아 이제는 하나님이 우리와 함께 계시다. (임마누엘) 다시 말하면, 그리스도 안에서 하나님과 인간이 하나가 된 것이며 여기 우리들의 구원이 있다. 이것이 곧 그리스도의 복음의 내용이다.[94]

---

92 유동식, 『한국종교와 기독교』, 175.

93 *Ibid.*, 172.

94 유동식, 『도와 로고스』, 96.

이러한 복음의 내용이 제 기능을 다하기 위해서 유동식은 복음의 방법론을 제시하는데, 이것은 자신이 이해한 복음의 내용을 그의 선교 방법론으로 사용하기 위해 제시하는 개념이다.

유동식은 빌립보서 2장 6절부터 11절의 말씀을 통해서, 복음의 자기부정 또는 자기부정을 통한 자기실현을 복음의 방법론이라 규정한다. 복음의 방법론은 복음이 어떠한 문화적 형편에서든지, 거기에 적응하면서도 자기 본질을 잃지 않고 자기가 처해있는 현실에 대하여 도전하여 새로운 삶을 창조해 가는 것[95]이라고 유동식은 밝힌다.

이러한 복음의 자기부정으로 인한 새로운 창조의 내용을 지닌 방법론은 그의 토착화에 대한 개념 정의에 담겨 있다. 그것은 다음과 같다.

> 토착화는 초월적인 진리가 일정한 역사적 상황 속에 적응하도록 자기를 변화하는 것이다. 그러나 그 역사적 현실과 타협함으로써 진리가 자기를 잃는 것이 아니라 자신의 독자성과 초월성을 가지고 자기가 처해 있는 역사와 세계를 자기의 의도대로 새롭게 창조해 나가는 것이다. 그러므로 토착화와 단순한 혼합주의와는 구별되어야 안다. 토착화는 주체성을 잃은 신크레티즘이 아니라 주체자의 현실에 대한 적응인 것이다.[96]

이러한 토착화론에 대한 개념 정의와 함께 유동식은 민족성을 초월한

---

95 *Ibid.*, 51.
96 *Ibid.*, 42.

복음이 어떻게 구체적인 민족을 구원하고 개인을 구원하는 산 힘이 되게 하느냐 하는 선교적 방법론에 대한 명칭이자 문제[97]라고 첨가한다. 그런데 이러한 토착화론은 복음의 자기부정의 방법론과 함께 복음을 통해 구원을 얻은 자의 주체 의식 속에서 성취된다[98]고 밝힘으로써 인간의 복음 수용 의지에 대한 평가를 동반하고 있다. '복음을 통해 구원을 얻는 자의 주체 의식' 이것이 유동식에게 있어서 토착화론을 가능하게 하는 준거점이 되는 것이다.

지금까지 살펴본 대로 유동식은 복음에 대한 내용과 방법론으로 토착화론에 대한 개념 정의를 단행하였다. 그것은 복음의 내용인, 하나님이 그리스도로 성육화되어 십자가의 자기부정을 매개로 인간과 하나가 되었으며, 그리스도의 십자가의 죽음과 부활로 인해 하나님과 인간이 하나가 되게 하시었다는 것을 통해서 자기부정의 방법론을 도출시킴으로써 가능케 된 것이다. 유동식은 이에 대해 "토착화는 자기부정적 자의실현(自意實現)을 그 방법론으로 한다"[99]고 밝힌다.

그런데 유동식의 이러한 복음 이해의 바탕이 된 것은 하나님에 대한 이해의 확장을 통해서 이루어졌다. 이 부분은 다음과 같은 유동식의 표현 속에 드러나 있다.

---

97 *Ibid.*, 68.
98 *Ibid.*, 57.
99 *Ibid.*

"하나님은 홀로 유대인의 하나님뿐이시뇨? 또 이방인의 하나님은 아니시 뇨? 진실로 이방인의 하나님도 되시느니라(롬 3:29)." 하나님은 홀로 유대 인의 하나님일 수는 없다. 전 인류의 하나님이시며 또한 우주의 하나님이 시다. 그러나 하나님께서 구체적으로 역사 속에 들어오셔서 인간과 사귐을 가지시며 인간을 구원하시기 위하여는 일정한 역사적 상황 속에서 구체적 인 사건을 전개하여야만 했다. 그러므로 그는 구체적인 유대인을 택하였고 유대인의 종교 문화의 형태 속에 전개하였다. 하나님은 유대인만의 하나님 은 아니시다.[100]

이러한 유동식의 설명에서 보듯 "하나님은 유대인만의 하나님은 아니 시다"라는 언명은 하나님에 대한 기존의 이해 확장의 결과이다. 이러한 결과에 의해서, 하나님을 '우주적 하나님'으로 파악함으로써 재래의 한국 종교가 복음과의 관련에서 해명되고 이해되는 것이다. 그는 기독교가 이 땅에 들어오기 전에 이 땅에서 하나님을 찾고 하나님을 가르치며 구원을 모색했던 것이 한국의 재래 종교라고 밝힌다.[101] 이러한 유동식의 견해가 앞에서 밝힌 '복음을 통해 구원을 얻은 자의 주체 의식'과 관련해서 토착화론으로 발전되었던 것이다.

이러한 해명을 디딤돌로 해서 유동식은 우주적 하나님과 같은 형식으로 우주적 그리스도 사건과 복음의 보편성을 논한다. 유동식은 복음의 보편성

---

100 *Ibid.*, 41-42.
101 유동식,『한국종교와 기독교』, 151.

에 입각해서 한국에 복음이 들어오기 이전에도 한국은 하나님께서 구원하신 그 은혜 안에 살고 있었으며 그리스도의 복음 밑에 살고 있었다. 그러므로 과거 한국에 있어서도 종교의 의미는 곧 그리스도의 역할을 반영하는 활동을 지녔다는 점에 있어서만 그 의미를 찾을 수 있으며, 그리스도가 그들의 종교 형태와 활동을 통해 자기의 기능을 수행하셨음을 인정하지 않을 수 없다고 밝히면서, 그것들이 비록 그리스도의 복음이 뜻한 인간의 해방과 사귐(koinonia)의 실현을 위한 실질적인 기능이 있었다는 점에서 그리스도의 활동의 흔적을 찾아볼 수 있다[102]고 제시한다. 그런데 이러한 복음의 보편성에 대한 논의는 한국의 재래 종교에 복음과 같은 구원의 능력이 있다고 하는 것을 긍정하지 않고, 오히려 이를 위해서는 교회가 복음의 내용을 실현시켜야 하는 과제를 지니고 있는데 의미가 있다[103]고 밝힌다. 유동식은 이미 앞에서 살핀 1960년대에 이와 같은 복음 선교의 타당성과 이유에 근거해서 토착화론을 제시했던 것이다.

그러나 유동식은 이것으로 만족하지 않고, 1970년대에 들어서면서 재래 종교에 대한 연구를 본격적으로 시작하게 된다. '복음의 내용을 실현시켜야 하는 과제'와 '복음을 통해 구원을 얻은 자의 주체 의식'의 사이에서 유동식은 자신이 부여한 재래 종교가 지닌 가치를 해명하기 위하여 재래 종교를 연구하기 시작한 것이다. 유동식은 재래 종교의 근원으로서 무교를 그 중심에 두고 '그리스도 활동의 흔적'을 찾기 위한 연구에

---

102 *Ibid.*, 153-161.
103 *Ibid.*, 161.

착수하기 시작한 것이다.

2. 한국 무교의 구조와 전개

유동식은 자신이 밝힌 한국 문화에 대한 애착과 선교적 관심을 관철시키기 위해 복음의 이해—즉, 하나님께서 성육신을 통한 자기부정 그리고 그리스도를 통한 인간과 하나됨, 십자가와 부활의 사건—를 가지고 한국 종교의 정체성이라 파악한 무교의 깊은 대해(大海) 속으로 들어가서 그곳에서 복음의 내용을 발견한다. 이러한 과정이 유동식의 학문 여정의 제3기인 1968~1978년의 시기이다.

이미 앞에서 살핀 복음의 입장에서 본 한국 종교의 의미가 무교의 바다에서 성취되는 것이다. 그런데 유동식은 『한국종교와 기독교』를 출간한 당시인 1965년에는 무교(巫敎)에 대해서 부정적 이미지를 피력했다. 이에 대해 유동식은 "한국 무교의 경우 그것이 비록 신령계 이해를 쉽게 하여 주었다는 등의 다소간의 공헌이 있었다고는 하나, 전체적으로 보아 샤머니즘 그 자체가 비복음적이요 무의미한 것"[104] 또는 "복음 선교에 있어서 극복해야 할 제일의 대상"[105]이라고 밝힌다. 이러한 무교의 부정적 이미지에 대한 1960년대의 성토가 1970년대에 들어서 한국 종교의 원형이며 복음과 만나야 할 대상으로 탈바꿈하게 되는 이유는 어디에 있는가?

---

104 *Ibid.*, 181.
105 *Ibid.*

유동식은 1968년 한국 종교 특히 무교에 대한 깊은 이해를 필요로 하여 도일하여 무교를 도쿄대학교에서 연구하였다. 이 연구 과정에서 엘리아데의 종교현상학을 통해서 그는 종교의 의미와 구조 등을 파악해야 하는 이유를 발견하게 되었다. 그는 무교를 단순한 사회학적 현상이나 심리학적 현상으로 보지 않고, 종교학적 현상으로 파악함으로써 종교 현상이 지닌 의미와 역사적 현상으로서의 구조, 즉 종교 현상의 사적 전개를 추구해야 할 필요성이 제기되며, 이로써 샤머니즘의 연구 또한 이러한 방법으로 시도하고자 한다[106]고 밝히었다. 그의 이러한 방법은 종래의 민속학이나 인류학에서 취급하는 동일한 자료를 사용하면서도, 그것들이 성취한 이해들과 다른 해명을 의도하고 있는 것이다.

이러한 연구 방법을 통해서 유동식은 무교가 지닌 종교 현상의 의미와 구조를 발견하게 된 것이다. 『한국 무교의 역사와 구조』는 한국 종교 현상의 원형을 무(巫)로 보고, 그 무는 천신강림(天神降臨), 지모승화(地母昇華), 신인융합(神人融合)의 구조를 지니며, 그것은 산천제에서 부락제에 이르기까지 흐르고 있는 단순 전승, 화랑도에서 신흥 종교에 이르고 있는 복합 전승, 용신 신앙에서부터 무당 굿에 이르고 있는 변용전승의 사적 전개를 거쳐오고 있다고 주장하면서 이러한 사적 전개를 한국사를 중심으로 신라 시대의 무교, 고려 시대의 무교, 이조 시대의 무교, 민간신앙으로서의 무교로 장을 구분하여 서술하고 있다. 이제 그 내용을 살펴보고자

---

106 유동식, 『한국무교의 역사와 구조』 (서울: 연세대 출판부, 1975), 19-20.

한다. 먼저 유동식은 무교에 대한 정의로, 선사시대로부터 현재에 이르기까지 각양각색으로 나타났던 샤머니즘적인 종교 현상 전체에 대한 총칭으로 무교라는 용어를 사용하며[107], 노래와 춤으로써 신을 섬기되 신과 인간의 교합을 통해 제액을 물리치고 축복을 초래하자는 원시적인 종교 현상[108]이라고 제시한다.

또한 무교의 구조로서 유동식은 노래와 춤으로써 하늘과 땅, 신령과 인간이 하나로 융합되어 새로운 생명과 문화를 창조하는 원초적 종교 현상이며, 한국의 기층 생활 문화인 세시풍속을 구성하고 있는 기본 요소는 천신 신앙과 지신 신앙 그리고 가무천신이라고[109] 설명한다. 이 세 가지의 기본 요소가 무교의 기본 구조라는 것이다.

그런데 이러한 3대 기본 구조 속에 흐르는 무교의 제의적 기본 구조인 음주가무는 신인융합에 의한 창조력의 회복을 드러내 보여주고 있다[110]고 유동식은 제시한다. "음주가무를 통한 신인융합에 의한 창조력의 회복"이라는 무교의 제의 구조 발견은 유동식이 복음에서 발견한 내용과 그 맥을 같이하는 것으로 계시된다. 이에 관해서 그는 세 가지의 내용을 계시한다. 첫째로 무교의 구조는 이원적 대립의 일치 융합(Coincidentia Oppositorum)과 둘째로 성속 변증법의 과정을 통한 자기부정 또는 몰아의

---

107 유동식, "한국무교연구," 「신학사상」 2집 (1973), 95.
108 유동식, "무교(샤마니즘)적 세계관의 문제," 『한국사상의 주류』 (서울: 한국사상연구회, 1975), 103.
109 유동식, 『한국무교의 역사와 구조』, 347.
110 유동식, 『민속종교와 한국문화』 (서울: 현대사상사, 1978), 59.

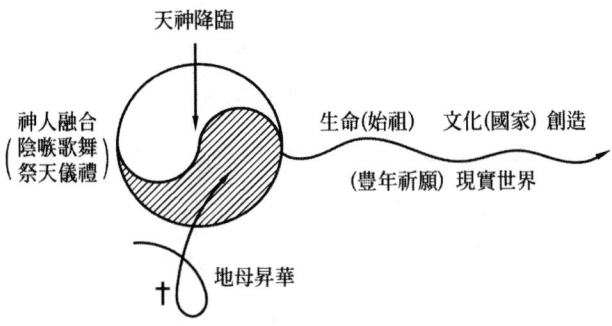

天神降臨

神人融合
(陰嗅歌舞
祭天儀禮)

生命(始祖) 文化(國家) 創造

(豊年祈願) 現實世界

地母昇華

[그림 2]

엑스터시, 셋째로 신인융합에서 일어나는 모순 대립의 해소와 인간의
해방이 그것들이다.[111]

이와 관련된 유동식 자신이 그린 위의 도해 [그림 2][112]를 통해서,
무교의 심연 속에서 발견한 기독교 복음의 내용성, 즉 구조를 살펴보기로
하자.

앞의 [그림 2]가 의미하는 바는 유동식이 무교의 원형으로써 언급한
신화와 제의의 분석을 통해 고대 한국인의 신앙 구조로써 무교의 원형을
추출 후 얻어진 내용 정리이다.

유동식은 고대 한국인의 신앙 구조, 즉 무교의 원형으로 세 가지를

111 *Ibid.*, 59-60.
112 *Ibid.*, 60.

제시한다.113 첫째는 천신 강림과 산신(山神) 신앙으로 산을 통해서 하느님이 내려오신다는 신앙이다. 둘째로 지모(地母)—인간의 승화와 곡신 신앙이다. 농경 문화의 바탕 속에서 땅(地母)을 통해 자기부정 곧 승화의 원리를 곡식의 씨앗을 통해 터득함으로써, 이에 대한 반영으로 자신의 부정과 승화를 이루어 거룩한 신과 교제하려 했다. 셋째는 천지 융합과 창조 신앙으로 신이 하늘에서 내려오고, 인간이 승화의 과정을 밟음으로써 하늘과 땅 곧 하느님과 인간의 결합을 이루기 위한 것이다. 고대인은 이를 위해서 음주가무에서 초래되는 황홀경을 맛보았다. 그런데 고대인들이 주기적으로 이러한 제의를 반복하는 것은 신화적 창조 작업의 반복을 재현하고자 했던 것이다. 이러한 무교의 원형을 유동식은 자신이 발견한 기독교 복음의 내용이자 구조인 성육신, 십자가, 부활의 구조와 동일 선상에서 결합시켜 나타내 보이고 있는 것이다. 그런데 도해에서 보여주고 있는 바처럼 유동식은 왜 이 관계를 태극의 도식으로 설명하고 있는가. 유동식은 태극이 지니고 있는 융합성과 운동성을 상정하고 있는 듯하다.

유동식은 한 종교의 기본 구조는 그 종교가 존속하는 한 역사의 흐름 속에서도 변하지 아니하지만, 종교의 표상 형태는 문화 환경의 변천에 따라 변해 가기 마련이라는 전제에서 구조와 표상 사이를 이어주는 전개(展開)라는 개념을 도입한다. 유동식은 역사적 전개에 따라 그 종교의 상징과 표현의 형태가 달라지기 때문이며, 전개는 새로운 구조의 창조가 아니라

---

113 유동식, 『한국무교의 역사와 구조』, 58-60.

일정한 구조가 지닌 요소와 가능성의 발전이므로 종교의 역사적 전개는 그 종교의 구성요소가 지닌 가능성의 성장과 발전에 불과하다[114]고 밝힌다. 이에 따라 무교의 구조의 전개 과정을 시대별로 제시하는데, 위에서 언급한 세 가지의 무교 구조를 우선 첫째로 천신 신앙을 단선적이고 양성적인 고대 제의의 단순 전승으로, 둘째로 지모곡신 신앙을 자기변용적인 변증법적 발전으로, 셋째로 천지 융합에 대한 신앙을 외래 종교와의 혼합적 전개로 그는 설명한다.[115] 유동식은 무교의 원형, 즉 구조를 시대적 상징의 변화 과정으로 풀어 보이고 있다. 이와 같은 전개를 아래의 그림[116]으로 계시한다.

[그림 3]에서 보듯 천신강림의 신앙 구조를 양성적 단순 전승으로 제시하는데, 이것은 역사적, 문화적 환경의 변화에도 변함이 없는 불변성을 보여준다. 이와 대립하는 형태로서 음성적 변증법적 전개는 지모승화의 신앙 구조로써 자체의 변화를 매개로 하여 새로운 형태로 발전하는 행태를 보여준다. 이것은 무교의 부분적 요소가 변용되면서 발전하는 것이다. 이러한 대립적 국면이 무교의 구조에 있어 신인융합으로 해소되듯이 전개 과정에 있어서 양성적 신앙 구조와 음성적 신앙 구조의 흐름 속에서 해소되어 새로운 창조, 즉 종교 습합의 형태로 보인다. 이것이 음양의 복합적 전개 과정이다.[117]

---

114 *Ibid.*, 71.
115 *Ibid.*, 72.
116 *Ibid.*, 74.

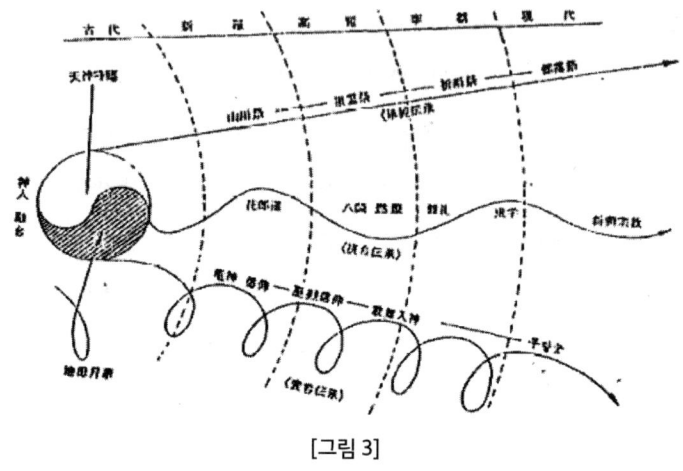

[그림 3]

　그런데 이상과 같은 유동식의 견해에 대해, 국내외의 샤머니즘 연구가들 사이에서 비판이 제기되고 있는 것도 사실이다. 비판의 많은 부분이 그가 개념 정의한 '무교'에 집중되어 있다. 비판은 먼저 용어 사용의 가치 문제에서 제기된다. 이에 관해 조흥윤은 한국의 샤머니즘이 중앙아시아를 포함한 시베리아 지역에서 나타나는 현상임을 상기할 때, 민속적인 현상으로 취급하는 무속(巫俗)이나 특수한 종교적 현상을 강조하기 위한 무교(巫敎)라는 호칭은 특정한 가치가 반영된 데 불과함으로 현상 자체를 포괄하는 개념으로 부적절하다[118]고 밝힌다. 또한 서영대는 무교 개념의 불명료성과

---

117 *Ibid.*, 72-73.

118 조흥윤, "무(샤머니즘)연구에 대하여," 제88회 국학연구회 발표회 미간행 유인물 (연세

유동식의 무교 전개 과정에 대한 논리적 비약을 비판한다. 그의 지적은 다음과 같다.

"그가(유동식) 무교를 엑스터시 중심의 샤머니즘의 역어(譯語)로 사용하면서도, 그 속에 천신신앙, 지모신신앙 등을 무리하게 포괄함으로써 무교의 개념을 모호하게 만들고 말았다는 것이다. 뿐만 아니라 무교의 전개 과정을 언급하면서 그러한 전개를 가능케 한 사회적, 문화적 기반에 대한 고려가 부족했다는 점에서나, 신라 하대(新羅 下代) 이전 단계의 경우라고 하더라도 무교의 개인적인 측면을 무시할 수 있는 것인지라는 점에서도, 그의 견해는 상당한 문제점을 내포하고 있다고 하겠다."[119]

또한 유동식의 "조선のツヤマニスム"의 논평을 쓴 마츠마에 다케시 (松前 健)는 유동식의 신화 분석에 있어서 제기되는 문제들을 지적한다. 그는 주몽 신화나 혁거세 신화가 일종의 지배자의 지배 원리를 반영하고 있는 정치 신화라고 보이는데, 이를 창조 신화의 일종으로 분석하는 것은 약간의 문제가 있다[120]고 평가한다.

또한 이에 관하여 정진홍은 유동식이 무교라는 개념을 사용하는 배후를

대학교 국학연구원, 1984. 9. 14.), 3.

119 서영대, "한국원시종교연구사 소고 — 삼국유사에 입각한 연구성과들을 중심으로," 「한국학보」 30집 (1983. 봄), 174.

120 松前 健, "유동식 저 朝鮮の ツヤマニスム," 「조선학보(朝鮮學報)」 80집, 1976, 272-273.

3장 _ 토착화신학과 무교 연구 ｜ 101

추적하면서 다음과 같이 그 개념이 갖는 한계를 지적하고 있다. "유동식에게 있어서 무교란 서술 대상으로서의 현상이 아니라 종교 현상을 이해하기 위한 해석학적인 규범으로의 개념이 되고 있는 것이므로 그가 한국 종교를 무교라 할 때 그것을 서술할 수 있는 특정한 종교 현상을 지칭하여 언급할 수 있는 것이 아니라 한국의 종교 현상을 이해하기 위한 개념적인 틀로 정립되어 있다. … 그러므로 무교를 한국 종교의 원형으로 이해한다면 그것은 해석을 위한 개념의 틀이 아니고 기술적 개념이 되어야 한다"[121]고 밝혔다. 정진홍은 계속해서, 유동식이 무교의 전승 유형을 한국 종교 현상의 전체의 사적 변용의 유일한 설명으로 제시하는 데는 이른바 모든 현상의 무(巫)로의 환원이라는 '발생론적 오류'가 발생한다고 문제점[122]을 제시한다. 그리고 정진홍은 이러한 이유 때문에 유동식이 사실의 서술과 거의 같은 비중으로 그 사실의 의미를 해석하려는 노력을 하고 있기 때문에, 이해된 의미의 형태를 역사적인 사실 속에서 찾아가고 있는 듯한 인상을 풍기고 있다[123]고 밝히고 있다. 정진홍의 이러한 평가는, 유동식이 제시한 무교의 개념에 대한 인류학이나 민속학으로부터 제기되는 비판을 종교학의 시각에서 해명해 줌과 동시에 종교학의 시각에서 나타나는 문제점을 제시해 주고 있다.

　　그러나 이필영은 북아시아 샤머니즘과 한국 무교의 우주관과 인간관의

---

121 정진홍, "유동식 저, 『한국무교의 역사와 구조』," 「기독교사상」 (1976. 6.): 126-127.
122 *Ibid.*, 127.
123 *Ibid.*, 125.

차이를 분석한 논문에서, 한국 무교가 북아시아 샤머니즘 계통에 속한다는 생각은 지금까지 확실한 근거나 비판도 없이 받아들여진 일반의 관념에 불과한 것이며, 한국 문화의 기반과 공통됨을 보이는 북아시아 문화에 대한 잠재적 선입관과 북아시아가 샤머니즘의 고전적, 전통적 지역이어서 그 원형을 비교적 많이 보유하고 있다는 생각이 지어낸 통속적 관념에 불과한 것[124]이었다고 밝히고 있다. 또한 그는 양자에 있어선 종교의 기본 구조나 사상 자체가 차이를 보이고 있는데, 이것은 수렵인 문화와 원시 씨족 사회 그리고 농경 문화와 고도의 문명국가라는 문화적 배경 속에서 생성된 것이며, 특히 한국 무교는 한국의 독특한 역사 발전 단계와 그 맥을 같이하며 생성되어 온 것임으로 이를 구별하기 위하여 '무교'라는 용어를 쓰는 것이 타당하다[125]고 설명한다. 이필영의 이러한 연구 결과는 유동식의 무교 개념에 대한 종교학적인 해명의 시도로 비친다. 이와 같은 유동식의 무교의 구조 발견과 그 구조의 전개 과정의 이해에 대한 상반된 견해에도 불구하고, 무교 연구는 상고시대의 원시 종교에서부터 현행 민간신앙에 이르기까지의 무교의 전개 과정을 폭넓게 정리하면서도, 일관된 논리를 바탕으로 한국 종교사의 체계화를 시도한 것은 한국 원시 종교 연구사상의 중요한 위치를 점하게 되었다고 평가한다.[126]

---

124 이필영, "북아시아 샤머니즘과 한국무교의 비교연구 — 종교사상을 중심으로," 연세대학교 석사학위 논문 (1978), 147.

125 *Ibid.*, 149-150.

126 서영대, *op. cit.*, 174.

그런데 유동식의 무교 연구의 경우, 그 자체가 무교 연구에 주 관심이 있는 것이 아니고, 이미 앞에서 살핀 것처럼 1960년대 토착화 논쟁의 연장선상에 있는 선교신학적 관심에 기인한 것이기 때문에 무교 연구를 통한 한국 종교사의 종합의 시도는 기독교 복음과의 만남으로 연결된다. 이 의도가 정진홍의 비판과 해명에서 제기되는 것처럼 '해석된 의미의 추구'로 무교 연구를 일관하고 있는 것이다. '음주가무를 통한 신인융합에 의한 창조력의 회복'의 발견이 곧 무교를 복음의 입장에서 바라볼 때 의미 있게 되는 것이다. 무교에 대한 1960년대의 부정적인 비판이 이러한 까닭에 의해서 긍정적인 만남의 대상으로 탈바꿈하게 되는 것이다. 유동식은 자기부정ー성육신, 십자가ー를 매개로 한 구원의 실현의 의미인 복음의 방법론을 무교 구조의 심연 속에서 발견함으로써 복음과 무교 속에 담긴 한국인의 종교적 원형과의 만남을 시도한다.

이 시도는 먼저 '무교문화론'을 제시함으로써 이루어진다. 유동식은 무교적 전통 속에 들어 있는 한국인의 종교적 원형인 하늘과 땅이, 삶과 죽음, 남성과 여성이 거리도 모순도 없이 하나의 세계를 이루는 신인융합의 방법론을 문화적 활력소로, 문화적 저력으로 활용하여 오늘의 세계 문명에 빛을 던져주며 새로운 방향 제시를 알 수 있도록 하자[127]고 무교문화론을 제시한다.

유동식이 무교문화론을 주장하는 근본 의도는 무교의 구조 자체가

---

127 유동식, *op, cit.*, 351.

기독교의 복음과 그 구조에 있어서 맥을 같이한다는 발견의 결과이다. 그는 이에 대해서 다음과 같이 쓰고 있다.

> 오늘의 구원은 이 이원론적인 분열과 갈등에서 해방되는 데 있으며, 양극
> 이 통합되는 데 있다. 재통합이란 융합을 뜻하기도 한다. 이것을 가능케
> 했던 것이 그리스도의 십자가였다(에베소 2:16). 그런데 이러한 융합의 세
> 계를 꿈꾸며 오늘까지 살아남은 것이 가무를 통한 탈아경(脫我境)에서
> 신화적 세계로 복귀하려는 무교가 아닌가 한다. 여기에 무교문화론이 지닌
> 오늘의 의미와 그 가능성이 있다.[128]

이러한 설명은 자기부정을 매개로 한 구원 실현인 복음의 방법론을 무교 구조의 심연 속에서 발견했음을 의미하는 것이다. 유동식은 비록 음주가무를 통한 탈아경으로 신인융합을 지향하는 무교의 구조이지만, 그 속에서 그 자신이 1960년대에 발견한 복음의 내용을 읽어내는 것이다.

무교문화론으로 제시된 이러한 노력은 더 이상 유동식을 무교 연구에 주력하게 하지 못하게 한다. 현대로 방향 전환해서 무교문화론이 지닌 오늘의 의미와 가능성을 탐구한다. 이 노력은 무교 문화와 대비해서, 현대 문명에 대한 비판으로 시작된다. 유동식은 "현대문명의 도전과 한국신학의 과제"라는 제목의 글[129]에서 먼저 인류가 직면한 생태학적 위기의

---

128 유동식, *op, cit.*, 352.
129 유동식, "현대문명의 도전과 한국신학의 과제," 「기독교사상」 (1977. 5.): 95-107.

원인 규명을 시도함으로써 이러한 노력을 가시화한다.

유동식은 오늘날의 생태학적 위기의 원인 제공자로 기독교의 창조 신앙을 제시하는데 창조 신앙 속에 담긴 인간 중심의 자연관이 결국 이러한 비극을 초래하게 했다고 밝힌다. 또한 이러한 인간 중심의 자연관 배후에는 초월적이며 인격적인 신 이해가 자리 잡고 있으며 자연과 구별되는 피조물인 인간 이해 속에서 자연과학이 발전하게 되었다(창 1:28)[130]고 비판한다.

초월신에 대한 신앙과 함께 인간 중심주의적 세계관이 초래한 현대 문명의 생태학적 위기의 극복을 위해서 위기 초래의 원인자에 대한 두 가지의 도전이 이루어지고 있다고 유동식은 밝혔는데, 그 첫째 도전은 세계에 대한 과학적 이해에서 시작된다고 한다. 세계에 대한 과학적 이해는 초월신에 의한 창조나 외부로부터의 지배가 아니라 내적인 힘의 충동에 의한 진화론으로 기울어지고 있다[131]고 그는 밝힌다.

과학적 진화론에 대한 입장 정리는 테아르 드 샤르댕(Teilhard de Chardin)과 서남동으로부터 도움을 받았다고 유동식은 밝힌다.[132] 유동식은 테아르 드 샤르댕의 이론을 따라서 우주는 일정한 방향을 향해 진화해 왔으며, 물질에서 생명화 → 인간화 → 사회화 → 정신화의 진화 방향으로 움직이는데, 그 궁극적 도달점은 그리스도로, 우주 인간의 오메가이며,

---

130 *Ibid.*, 97-98.
131 *Ibid.*, 99.
132 *Ibid.*

그는 우주 창조자 자신이 성육신화한 분인데 그의 궁극적 사건은 영체(灵体)로서 부활한 데 있다[133]고 밝힌다. 이러한 과학적 진화론에서 보면 신은 단순 초월적인 외부로부터의 창조자가 아니라 우주 안에서 진화의 방법으로 계속 창조하시는 분이며, 인간은 자연과 대립된 존재가 아니라 자연의 유기적인 일부이며, 자연과 함께 우주의 완성점을 향해 전진하는 존재로 이해된다[134]고 밝힌다. 이러한 입장이 초월신에 대한 신앙과 인간 중심주의적 세계관을 형성하고 있는 서구 신학의 전통적 견해에 도전하고 있다는 것이다.

유동식이 제시하는 또 하나의 도전은 동양 종교 사상으로부터 제기된다. 이에 대해서 유동식은 동양 종교 사상을 인도의 범아(梵我)와 중국의 도(道)의 두 개념으로 제시한다.[135] 그는 인도의 범아와 중국의 도를 간략하게 언급한 후에 이들 동양 종교 사상의 공통점으로 첫째, 궁극적 실재는 초월적인 인격적 창조자가 아니라 내존적(內存的) 창조적 원리라는 점을 제시하고, 둘째로 인간의 자기실현으로 이러한 궁극적 원리와 하나가 되고자 하는 자기부정의 종교 사상을 제시한다.[136] 이러한 내용을 지니고 있는 동양 종교 사상이 전통적인 기독교 사상과 그 구조를 달리함으로써 또 하나의 도전이 되고 있다는 것이다.

---

133 *Ibid.*, 99-100.
134 *Ibid.*, 101.
135 *Ibid.*, 102-103.
136 *Ibid.*, 104.

이러한 두 가지의 도전에 직면에 있는 서구 전통 신학의 한계를 극복하기 위해서 유동식은 아시아와 한국교회가 지닌 목회적, 신학적 과제를 제시하는데 그것을 종교 · 우주적 신학(Religio- Cosmic Theology)이라고 명명하며, 이 신학의 내용을 현대 문명의 도전과 관련해서 세 가지로 피력한다. 먼저 그는 유기적 자연관의 필요성을 언급한다.[137] 그 이유로 자연을 착취함으로써 빚어진 자연 파괴의 결과는 서구 전통 신학의 입장 때문이므로 이제는 세계를 신과의 유기적 관계가 있는 것으로 이해함으로써 자연에 대한 존엄성과 신비성을 부여해야 한다고 밝힌다. 이 입장은 현대 자연과학이 발견한 세계와 일치하며 동양 종교의 내용과 일치하므로 자연은 궁극적 실재와 유기적 관계가 있다고 보는 것이 타당하다고 뒷받침한다. 그리고 신의 성육신을 믿는다면 신과 자연 사이에는 유기적 관계가 있어야 할 것이며 마땅히 성육신에 기초한 유기적 신관을 발전시켜야 한다고 주장한다.

유기적 자연관과 함께 유동식은 두 번째로 우주적 역사관을 제시한다.[138] 그는 우주적 진화론적 사관을 제시한 샤르댕의 입장을 따라 그리스도를 우주적 존재로 파악하기를 제안하며, 만물이 그리스도로 말미암아 창조되고 그의 안에서 유지되고 있으며, 그의 부활로써 나타난 자유와 평화와 사랑의 영체를 향해 진화되어 가고 있는 것이라고 밝힌다. 셋째로 그는 영적(pneumatikos) 종교를 계시한다.[139] 여기서 영적이라고 하는

---

137 *Ibid.*, 106.
138 *Ibid.*

것은 육체에 대립하는 정신적인 생활을 뜻하는 것이 아니라 인간의 존재 양식이라고 밝히고, 영적 종교는 자기부정을 매개로 자유와 사랑과 평화를 추구하는 신앙적 행위를 뜻하며, 이것이 바로 성서적 진리로 직결되는 것이라 설명한다.

이 글의 말미에서 유동식은 그 자신이 계시한 종교 · 우주적 신학의 내용을 다음과 같이 정리한다.

> 기독교 신앙이란 그리스도와 함께 십자가에 죽고 그의 부활에 동참하는 것이다(롬 6:3-5). 나와 이 세상에 대한 일체의 집착을 거부하고 우주적 그리스도와 하나가 되어 자유와 평화를 누리고 사랑하며 사는 데에 기독교 신앙의 핵심이 있다. 이것은 단순한 개인의 정신적 만족을 넘어선 것이며 우주적 사건의 하나이다. 우리 안에 계시고 우리가 그의 안에 살게 되는 그리스도는 실로 우주를 창조하시고 다스리시며 완성으로 이끄시는 우주적 그리스도이기 때문이다.[140]

유동식은 이러한 종교 · 우주적 신학에 책임 있는 답변을 응대할 수 있는 사람들로 바로 한국의 신학자들을 언급하는데, 이것은 바로 자신에 대한 확신이며, 이로써 신학화의 길에 들어선다. 이상과 같이 그는 무교 연구를 통해서 '해석된 의미의 추구'를 시도하고 있는 것이다. 즉, 유동식에

---

139 *Ibid.*, 107.
140 *Ibid.*

게 있어서 무교 연구는 앞서 밝힌 것처럼, 토착화론의 연장선상에서 시도된 것으로서 '음주가무를 통한 신인융합의 창조력의 회복'이라는 무교의 구조가 자신이 이해한 복음의 내용과 거리감 없이 결합될 수 있는 가능성으로 발견된 것이다. 이 가능성은 무교문화론으로 제시되었다가 종교 · 우주적 신학이라는 논리적 구성물로 발전되어 제시되었던 것이다.

4장

풍류신학의 구상과

한국신학사 연구

I. 풍류신학의 구상

1. 풍류도의 재발견

유동식은 1979년 일본의 국제기독교대학교에 객원교수로 초청되어 두 학기에 걸쳐 한국의 종교사상사를 강의할 기회를 가졌다. 이 과정에서 유동식은 한국의 종교사상사 속에 흐르고 있는 민족적 이념을 발견하게 되었는데, 그는 이것에 대한 구체화를 시도하였다. 이 구체화의 과정에서 유동식은 풍류도(風流道)를 발견하고, 민족적 이념에 대한 이름으로 제시하였다. 풍류도가 어떻게 민족적 이념의 구체적 명칭으로 제시되는가에 대한 과정의 고찰이 필요하다. 유동식은 그의 학문 여정 제3기에서 무교에 대한 연구를 종결하면서 무교의 구조와 전개사를 정리하였다.

무교의 구조에 대해서 유동식은 천신강림과 지모승화 그리고 신인융합으로 제시되는 3개의 구조를 태극적 관계로 설명하였다. 무교 구조의 전개사에 대해서는 천신강림 신앙의 구조 전개를 역사적, 문화적 환경의 변화에도 변함이 없는 양성적 단순 전승으로 이해하고, 지모승화의 신앙 구조에 대해 자신의 변화를 통한 음성적 변증법적 전개로 파악하였다. 세 번째로 신인융합의 구조는 새로운 창조를 가능케 하는 음양의 복합적 전개 과정으로 제시하였다.[1] 이러한 해석과 이해의 과정에 있어서 유동식은

---

1 유동식, 『한국무교의 역사와 구조』, 72-73.

무교 연구 당시까지만 하더라도 무교 구조의 전개 과정에 대한 추진력이나 동인(動因)에 대한 언급은 없었다. 다만 그것을 태극적 관계로 묘사함으로써 태극이 지니고 있는 의미로 대치시켜 버렸다.

그런데 한국 종교사상사를 일목요연하게 강의하면서, 무교의 구조가 전개되는 전개사의 추진력, 다시 말하자면 신인융합의 구조가 전개되어 나타나는 음양복합적 전개 과정을 드러내 보여주는 설명 과정이 필요하게 된 것이다. 이에 대해서 유동식은 다음과 같이 밝히고 있다.

> 그런데 여기에서 한 가지 분명한 것은 이러한 종교적 다양성 속에서 거기에 일관해서 흐르고 있는 민족적 이념이 있다는 것이다. 우리의 문화적 정체성의 기초가 될 민족적 영성의 존재라고 해도 좋다. 이것이 각종 외래 종교들을 주체적으로 받아들였고 토착화시키며 또한 창조적으로 발전시켜 나갈 수가 있었다. 우리의 이러한 민족적 영성을 나는 풍류도라고 했다.[2]

유동식은 이러한 민족적 영성, 다시 말하자면 무교 구조와 무교 구조의 전개를 모두 포함하는 그릇을 풍류도라는 개념에서 발견한 것이다. 풍류도는 유동식이 제시한 무교문화론의 핵심적 단어가 된 것이다. 그러면 왜 유동식은 최치원이 6세기에 화랑제도와 관련해서 붙인 '풍류도'라는 명칭을 그의 사유 속에 도입하는가? 이에 대해 유동식은 다음과 같이 그 타당성을

---

2 유동식, "풍류신학으로 가는 여로," 326.

제시한다.

> 풍류도는 실로 유·불·선 삼교를 포함한 것이라 했다. 유교의 본질은
> 자기를 극복하고 인간의 본성인 예(禮)로 돌아가는 데 있고(克己復禮).
> 불교의 본질 역시 아집을 버리고 인간의 본성인 '한 마음(一心)' 곧 불심으
> 로 돌아가는 데 있으며(歸一心源), 도교는 인간의 거짓된 사심을 떠나 자연
> 의 대법도를 따라 사는 데 그 본질이 있다(無爲自然)고 하겠다. 이런 뜻에서
> 삼교의 본질은 다 같이 아집에 사로잡힌 자기를 부정하고 하늘이 내린
> 본성으로 돌아가는 데 있다고 이해된다. 본성이란 다름 아닌 하느님이
> 주신 성품이요 하느님의 마음이다. 그러므로 하느님과 하나가 되는 풍류도
> 는 실로 삼교의 본질을 다 포함하게 된다.[3]

이미 앞에서 살핀 1960년대의 복음의 내용에 대한 이해를 풍류도
속에서 확인한다. 이러한 확인 절차는 이미 무교의 연구 속에서 개진되었으
며 마지막 정리의 과정에서 풍류도로 제시되었을 뿐이다.

이제 기독교 복음의 내용인 성육신―십자가―부활의 구조가 한국
종교사를 구현시킨 무교의 구조와 전개사의 총칭인 풍류도와 만나게
된 것이다. 그런데 이러한 만남이 가능케 된 원인은 풍류도에 있는 것이
아니라 복음이 지닌 방법론인 관용성에 있는 것이다. 이에 대해 유동식은

---

3 유동식, "한국문화와 신학사상 — 풍류신학의 의미,"「신학사상」47집, 720.

복음의 방법론은 복음이 어떠한 문화적 형편에서든지 거기에 적용하면서도 자기 본질을 잃지 않고, 자기가 처해 있는 현실에 대하여 도전하여 새로운 삶을 창조해 가는 것[4]이라 밝혔는데, 이것이 풍류도와 기꺼이 만나게 되는 근거가 되는 것이다. 그는 '복음의 내용을 실현시켜야 하는 과제', '복음을 통해 구원을 얻은 자의 주체 의식'를 염두에 두고 무교라는 한국의 재래 종교를 연구하여 그 속에서 풍류도로 표현되는 '그리스도 활동의 흔적'을 발견하게 되었던 것이다. 이러한 무교 연구의 '해석된 의미의 추구'가 신학적인 면에서 풍류도를 의미 있게 하는 것이다.

유동식에게 있어서 이러한 만남이 가능케 되는 근거는 이미 앞에서 살핀 바처럼 그가 지니고 있는 하느님에 대한 의미와 그리스도에 대한 이해에 있다. 그리고 이러한 만남의 요청은 유동식이 제시한 종교 · 우주적 신학에서 드러난다. 이제 무교문화론의 신학적 표현으로 제시된 종교 · 우주적 신학의 본질 반영으로서 풍류도의 신학화가 그 자신의 과제로 부각되는 것이다.

2. 풍류도의 구조

유동식은 이미 앞에서 검토한 바대로, 다원 종교사를 가진 한국에 있어서 한국의 기독교가 창조적으로 만나야 할 대상은 문화의 일부 현상이

---

4 유동식, 『도와 로고스』, 51.

아니라 한국 문화의 기초 이념을 이루고 있는 영성(靈性)이라고 밝히는데, 이 영성의 구체적 표현으로써 최치원이 명명한 풍류도를 제시한다. 최치원의 풍류도에 대한 언급은 낙랑비서에 기록되어 있다. 그 내용은 다음과 같다.

> 나라에 현묘한 도가 있으니 그 이름은 풍류(風流)이다. 교를 만든 근원은 선사(仙史)에 자세히 실려있거니와 그 핵심은 유불선 삼교를 포함하고 중생을 교화하는 것이다. 이를테면 집에 들면 부모에게 효도하고 벼슬하면 나라에 충성하는 것은 노사구(魯司寇: 孔子)의 지(旨)요 무위(無爲)의 사(事)에 처하고 불신(不信)의 교(教)를 행하는 것은 주주사(周柱史: 老子)의 종(宗)이요 모든 악한 일은 행하지 않고 착한 일만을 수행하는 것은 축건태자(竺乾太子: 釋迦)의 화(化)다.[5]

유동식은 풍류(風流)라는 단어에 대해서 이는 한글이 없었던 시대의 우리 말의 한자 표기였다고 이해한다. 그리고 최남선의 불함문화론에 의지해서 풍류라는 단어의 어원으로서 단군의 아들 부루(夫婁)를 표기했던 것으로 밝힌다. 그럼으로써 유동식은 고대의 제천 의례에 나타났던 원시적인 영성이 유불선(儒佛仙)이라는 삼교 문화를 매개로 승화되었으며, 이것을 최치원이 한국인의 영성을 포괄하는 개념으로 풍류도라 지칭했다[6]고 이해

---

5 『삼국사기』, 신라본기 제4.
6 유동식, "한국의 문화와 신학사상 ─ 풍류신학의 의미," 719-720.

한다. 이러한 영성에 대한 내용을 유동식은 이미 무교의 구조 발견을 통해서 확인했던 것이다.

최치원의 풍류도에 대한 언급 부분에 주목하면서, 유동식은 화랑에 대한 중요한 관심을 두는데, 이것은 화랑들의 생활을 통해서 풍류도의 의미, 즉 현실적 가치가 반영되고 있다고 보기 때문이다. 유동식은 최치원의 설명을 따라 화랑이 자신들을 단련시키기 위한 교과 과정이 세 가지였다고 제시하는데, 그것은 다음과 같다.

첫째는 도의로써 서로 몸을 닦는 것이니(相磨以道義) 이는 뭇사람들에 접해 그들을 교화할 덕을 얻기 위함이다. 둘째는 노래와 춤으로써 서로 즐기는 것이니(相悅以歌舞) 이는 풍류를 몸에 익히기 위한 것이었다. 셋째 는 명산대천을 찾아 노니는 것이니(遊娛山水) 이것은 그곳에 임재하신 하느님과 교제하기 위한 것이었다(삼국사기).[7]

최치원의 화랑에 대한 이러한 언급을 유동식은 무교 구조의 전개 과정에 있어서 음양복합적 전개 과정을 드러내는 신인융합 구조의 대표적 경우를 제시하는 것으로써 이해한다. 유동식은 이미 화랑이 무교의 창조적 복합 전개의 결과로 형성되었다[8]고 밝힌 바 있다. 화랑도를 이러한 무교 습합 문화의 전형으로 이해하려는 유동식의 입장이 화랑을 설명하기

---

7 *Ibid.*, 719-720.
8 유동식, 『한국무교의 역사와 구조』, 82-93.

위해 제시한 최치원의 풍류도에 대한 언급을 자신의 사유 속에서 재해석하는 것이다. 그럼으로써 유동식은 풍류도를 곧 무교의 창조적 복합 전개 문화의 원형이자 추진력으로 이해하였던 것이다. 이제 최치원의 풍류도에 대한 언급의 내용들은, 곧 이미 앞 장에서 살핀 무교의 창조적 복합 문화 전개 형태의 내용과 양식으로 재해석되는 것이다. 이것은 우선 역사적으로 신라의 종교 문화사 속에서 무교 구조의 전개로 파악되고, 다시 한국 종교 문화사 전반의 구조를 결정짓는 내용이 되는 것으로 이해되었던 것이다.

이러한 풍류도의 구조를 파악하기 전에 먼저 확인해야 할 것은 무교의 구조에 대한 설명에 있어서와 마찬가지로, 유동식이 사용하는 '구조'라는 의미가 제시하는 것은 레비스트로스(Lévi-Strauss)가 언급한 문화인류학에 있어서의 '구조'와 다르지 않다는 것이다. 레비스트로스는 구조에 대해 다음과 같이 설명한다.

첫째로 구조라는 것은 체계로서의 성격을 나타낸다. 구조는 구성 요소의 어느 하나가 변화하면 그에 따라 다른 모든 것이 변화할 만한 요소로 성립되어 있다.

둘째로 온갖 형식은 하나의 변환군—그 변환이 각각이 족(族)을 같이하는 하나의 형식에 대응한다—에 속해 있고 그 결과 이러한 변환의 집합이 형식의 일군(一群)을 구성한다.

셋째로 전술한 바와 같은 특성은 형식의 하나의 요소에 변화가 일어났을 경우, 형식이 어떻게 반응하는가를 예견하는 것을 가능하게 한다.

넷째로 이 형식은 그것이 작용될 때 관찰한 모든 사상이 고려에 삽입되어 있을 만한 방식으로 만들어지지 않으면 안 된다.[9]

이러한 레비스트로스의 설명은 구조가 지니고 있는 전체성, 변환성, 자기제어의 세 가지를 언급하고 있는 것이다. 전체성은 하나의 결합체로 파악되는 것을 의미하고, 변환성은 전체성에 포함되어 있는 것을 의미하며, 이들 간의 자기제어를 말하는 것이다.[10] 유동식은 구조와 전개사[11]를 제시하며, 풍류도로 한국 종교사의 종합을 시도하고 있는 것이다. 유동식이 레비스트로스의 구조주의를 언급하고 있지 않지만, 의미상 이에 상응하고 있다. 이런 의미 때문에 유동식은 풍류도의 구조라는 언명을 사용하고 있다.

그러면 먼저 풍류도의 구조를 파악하고자 한다. 유동식은 최치원의 풍류도에 대한 언급에 있어서 세 가지 주요 설명을 풍류도의 구조로 파악한다. 이것은 현묘지도(玄妙之道), 포함삼교(包含三敎), 접화군생(接化群生)의 세 구조를 갖는다. 유동식은 이러한 세 가지의 설명을 각기 풍류도의 구조로 파악하는데, 이는 이 세 가지가 결합되어 전체성을 띨 때 풍류도로 파악되는 것이다. 그리고 그 각각은 전개라는 이름으로 변환성을 유지한다.

유동식은 이 세 가지의 설명을 한자 표기가 아닌 우리말로 제시하는데,

---

9 레비스트로스/김진욱, 『구조인류학』 (서울: 종로서적, 1983), 263-264.
10 이광규, 『레비스트로스』 (서울: 대한기독교서회, 1973), 137-138.
11 유동식, *op, cit.*, 71.

120 ┃ 풍류신학자 유동식 생각 읽기

그것은 우리 문화의 기초 이념을 우리말로 표현해야 한다는 생각 때문이다. 각각의 설명과 연결된 한 · 멋 · 삶이다. 이러한 일상 용어로 바꾸는 이유에 대해 유동식은 다음과 같이 밝힌다.

풍류도란 어떤 한 종교에 대한 명칭이 아니다. 각종 종교를 받아들이고 이것을 전개시키는 종교 문화의 장이며 정신적 원리가 되는 영성이다. 풍류도는 또한 고대에 있었던 영성만을 말하는 것이 아니다. 이것은 한국 문화 전체의 기초가 되어온 민족적 영성이다. 곧 현대 한국의 의식 속에서도 살아 있는 영성이며 한국 문화의 기초 이념을 이루고 있는 것이다. 따라서 풍류도는 한국인에게는 불변의 정신적 원리이며 구조적인 것이다. 개인으로서의 자각 여하를 막론하고 한국인에게는 보편적인 것이며 일상적인 것이다. 따라서 이것은 보편적인 일상 용어로서 표현되는 것이어야 한다.[12]

최치원의 풍류도에 대한 설명의 첫째 용어(Terminology)는 '현묘지도왈 풍류'(玄妙之道曰風流)로 제시된다. 유동식은 이에 대한 일상적 용어로써 멋을 결합시킨다. 유동식은 멋을 한국적 미의식의 표현이라고 밝히면서 이것은 옛 한인들이 신과 하나로 융합되는 황홀경 속에서 우러나오는 것이라 설명한다.[13] 그리고 멋에 대한 개념 규정으로써 흥과 율동, 조화와 자연스러움, 자유와 내실을 제시한다.[14] 멋이란 세속을 초월한 자유의

---

12 유동식, 『풍류신학으로의 여로』 (서울: 전망사, 1988), 20.
13 유동식, "한국문화와 신학사상 — 풍류신학의 의미," 721.

삶에 뿌리내린 생동감과의 조화에서 나오는 미의식[15]이라고 밝힌다.

풍류도에 대한 두 번째의 설명 용어는 포함삼교(包含三教)이다. 이것에 대해 유동식은 한이라는 용어를 결합시킨다. 한은 포함삼교의 포월성(包越性)을 적정하게 반영해 주고 있다[16]고 유동식은 밝힌다. 한은 크고 넓고 하나이면서 동시에 전체를 나타내는 것이고, 인격적 의미를 부여했을 때에는 하느님이 되는데 한은 어떤 의미에서 포월적인 절대자가 된다[17]고 밝힌다.

풍류도에 대한 세 번째 용어는 접화군생(接化群生)이다. 이것에 대해 유동식은 삶이라고 붙인다. 삶은 생물학적 생명의 개념과 사회학적 살림살이의 개념을 동시에 포함하는 말이라고 설명한다. 이것은 곧 사람의 개념을 형성케 하는데, 사람의 본질은 문화적 가치를 창조하는 생활이 되기 때문이라고 밝힌다.[18] 접화군생은 중생에 접하여 사람이 되게 교화하는 효용성을 지니고 있다[19]고 설명한다.

유동식은 이 세 용어 한, 멋, 삶의 관계 구조에 대해서 한, 멋, 삶이라는 풍류도의 하나의 이념은 한과 멋과 삶이라는 세 가지 개념으로 구성되어 있으며, 각각은 독자적인 성격을 가진 것이면서도 상호 내재적이면서

---

14 *Ibid.*, 721.

15 유동식, *op, cit.*, 21.

16 유동식, "한국문화와 신학사상 — 풍류신학의 의미," 721.

17 *Ibid.*, 721.

18 *Ibid.*, 721.

19 유동식, 『풍류신학으로의 여로』, 22.

동시에 포월적인 것[20]이라고 밝힌다. 유동식은 이것들의 관계 구조를 삼태극으로 제시하여 드러내 보여준다. 그런데 유동식의 이러한 삼태극의 풍류도의 구조 제시에 있어서 염두에 두어야 할 것은 풍류도의 근거였던 무교의 구조를 제시할 때에는 태극적 관계로 설명했던 것을 기억해야 한다.[21]

천신강림과 지모승화의 신앙 구조 속에서 양자가 서로 만나 신인융합의 음양 복합적 전개를 이루어내는 무교의 구조가 풍류도의 구조에 있어서는 한, 멋, 삶이라는 세 개의 구조로 탈바꿈하고 있는 것이다. 다시 말하자면, 풍류도의 삼태극적 구조는 신인융합 후의 결과적 구조로 파악된다. 음양복합적 전개 과정을 갖는 신인융합의 구조가 풍류도로 성취되고, 화랑에게서 실천되어 현실적으로 표출되고 있는 것이다. 유동식에게 있어서 신인융합의 무교 구조에 대한 이해가 없다면(비록 음주가무에 의한 것이지만) 풍류도의 삼태극적 구조는 이해되지 못하는 것이다.

이러한 무교의 신인융합의 음양복합적 전개에 대한 이해를 전제하지 않고, 다만 풍류도의 세 구조의 결합 관계만을 고려하면, 박성이 제기한 것처럼 세 구조의 결합 관계가 모순으로 비친다. 박성은 유동식의 한 마음이 삶에 부닥친 이곳에서 멋이 창조된 것이다[22]라는 설명을 들어서 유동식의 세 구조의 결합 관계가 모순을 일으키고 있다고 설명한다. 멋이

---

20 유동식, "한국문화와 신학사상 ― 풍류신학의 의미," 721-722.
21 이에 대해서는 II장에서 다루었다.
22 유동식, 『한국신학의 광맥』 (서울: 전망사, 1982), 25.

한과 삶의 부닥침 속에서 발생한 것이므로 멋은 한과 삶의 하위 개념이다. 그러므로 하위 개념이 상위의 개념을 포함한다는 것은 모순이다.[23] 이런 이유로 해서 박성은 풍류도의 세 구조가 상호작용을 하는 것은 불가능하며 더욱이 하나로 결합된 풍류도로 제시하는 것은 억측[24]이라고 설명한다. 그러나 세 구조의 결합 관계에 대한 유동식의 설명은 다음과 같다.

풍류도의 기본 구조는 초월적인 '한'과 현실적인 '삶'의 창조적 긴장 관계인 태극적 관계에서 나오는 '멋'의 길이다. 멋을 풍류도의 체(體)라고 한다면, 한은 그 상(相)이요, 삶은 그 용(用)이 된다. 이 관계는 그 위치를 바꿀수도 있는 것이어서 '한'을 체라고 한다면 '멋'이 상을 이루게 되는 것이다. 이러한 뜻에서 한과 멋과 삶은 셋이면서 하나의 이념을 구성하는 3·1적 구조를 지니고 있다. 이것은 또한 상호내재적인 것이어서, 셋은 각각 다른 틀을 내포함으로써 형성되는 이념이기도 하다. 곧 멋은 한과 삶의 창조적 조화로써 형성되는 것이며, 한은 멋과 삶을 내포한 포월성이며, 삶은 한 멋진 것이어야 한다. 이러한 풍류도의 3·1적 구조를 그림으로 표현한다면 삼태극의 형상이 될 것이다.[25]

그런데 최치원의 풍류도에 대한 설명인 개념 정의와 유동식이 무교

---

23 Andrew Sung Park, *op. cit.*, 156.
24 *Ibid.*, 157.
25 유동식, 『풍류신학으로의 여로』, 22.

연구에서 밝힌 무교의 음양복합적 신인융합의 구조를 유념한다면, 유동식의 한, 멋, 삶의 삼태극적 결합 구조에 대한 설명은 결합 구속력이 취약함을 반영하고 있다. 최치원은 풍류도의 내용(實)으로 '포함삼교'(包含三敎)와 '접화군생'(接化群生)을 거론하고 있기 때문이다. 이것은 다시 말하자면, 풍류도가 포함삼교와 접화군생을 내용으로 갖고 있다는 뜻이기도 하고. 이 양자를 포괄하는 개념으로 '현묘지도 왈 풍류'(玄妙之法曰風流)를 제시하고 있을 뿐이라는 것이다. 그러므로 최치원 풍류도는 유동식의 설명에서처럼 포함삼교와 접화군생과 같은 위상에 놓이는 개념이 아니고 양자를 총괄하는 명칭인 것이다.

그러나 유동식은 이러한 설명에 대한 자신의 재해석에서 풍류도를 하나의 개념으로 받아들인다. 이 부분에 대한 구체적 설명을 결하고 있기 때문에 위에서와 같은 박성의 비판이 제기되는 것이다. 한, 멋, 삶이 지니는 삼태극의 구조가 결합하는 관계를 유동식이 향후 설명해내지 않는다면, 풍류도들 통한 그의 신학적 사유는 붕괴될 위험을 내포하고 있다. 다만 현 단계에서 유동식은 삼태극적 구조를 무교의 음양복합적 신인융합의 결과적 구조로 파악하여 최치원의 설명을 재해석하고 있을 따름이다. 그러나 최치원의 표현에 충실하고자 한다면, 더 이상 세 개가 지닌 결합 관계를 설명해내지 못한다면 한, 멋, 삶의 삼태극적 구조는 수정되어야 한다. 수정되어 태극적 구조로 설명하는 것이 자신의 무교 연구를 통해서 발전한 음양복합적 신인융합의 구조와 결합되는 일관성을 유지할 수 있게 된다.

그러면 유동식이 제시하는 풍류도의 삼태극적 구조는 어떤 모양으로 자기 전개를 이루어내는가? 먼저 포함삼교의 한의 구조는 종교 문화사를, 현묘지도의 멋의 구조는 예술 문화사를, 접화군생의 삶의 구조는 생활 문화사를 전개시킨다[26]고 밝힌다. 유동식은 풍류도의 삼태극적 구조의 전개를 한국의 종교 문화사라는 시간 축을 가미하여 사적 전개를 검토한다. 이 사적 전개의 의미는 한국 종교 문화사 속에서 풍류도의 구조가 어떻게 자기를 전개시키고 있는가 하는 것을 파악하고자 하는 것이다. 유동식은 이에 대해 "종교 문화의 형성은 민족적 영성과 외래 종교의 이념 그리고 그 만남의 장이 된 역사적 현실이라는 세 요소의 종합에 의해 이루어진다"[27]고 밝힌다. 이에 대해서 유동식은 아래 [그림 1][28]을 통해 그 설명을 제시한다.

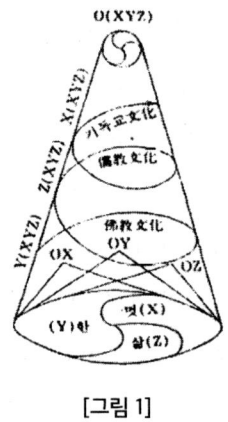

[그림 1]

---

26 유동식, "한국문화와 신학사상 — 풍류신학의 의미," 721-722.
27 유동식, 『풍류신학으로의 여로』, 47.
28 *Ibid.*, 24.

멋, 한, 삶을 각각 X, Y, Z로 기호화하면 풍류도의 3·1적 구조는 이것을 XYZ로 묶어서 표시된다. 이 그림에서 저변을 이루고 있는 삼태극은 종교 문화의 장으로서의 풍류도를 나타내는 것이며, 삼각원추의 정점 0은 문화 사의 전개 방향을 나타내는 바, 문화사는 민족적 비전의 실현 과정이기 때문에 0의 내용은 풍류도가 되며 결국 0(XYZ)로 표기된다. 그리고 일정 한 종교 문화의 풍류도적 전개는 그 구조를 따라 세 방향 곧, OX, OY, OZ의 방향으로 이루어진다. 곧 다음과 같은 세 방향의 종교 문화면이 나타 나게 된다. OX(XYZ) - 문화 · 예술적 전개, OY(XYZ) - 종교, 형이상학적 전개, OZ(XYZ) - 윤리 · 사회적 전개. 종교 문화사 전체를 형성하고 있는 세 개의 나선은 불교 문화 · 유교 문화 · 기독교 문화가 교체되며 전개되어 가고 있는 것을 표시하는 것이다.[29]

이러한 한국 역사 전개의 과정에서 볼 때 한국의 종교 문화사는 각각의 종교가 풍류도의 구조 속에 담긴 채로 문화사적 연속성을 지니게 되는 것이다. 최치원의 언급에서처럼 유불선의 포함삼교의 구조 속에서 유교와 불교, 도교는 각기 제 모습을 형성하여 왔다. 그런데 기독교라는 종교에 대해서 풍류도는 어떠한가, 이에 대한 탐구 과정이 유동식에게 있어서 풍류신학으로 가시화되는 것이다.

---

29 *Ibid.*, 23-24.

3. 풍류신학 — 풍류도의 신학화 시도

이미 앞 장에서 살핀 바대로, 유동식은 1960년대 토착화론의 최종적 과제로서 그리고 1970년대에 발견한 무교의 구조와 전개사에 따른 무교문화론을 제시하였다. 또한 현대 문명의 도전에 대한 응전의 모습으로서 제시된 종교·우주적 신학의 형성 과제로서 풍류신학을 정립하고자 하는 신학적 노력을 계속해 왔다. 그에게 있어서 풍류신학은 풍류도의 전개에 근거한 것이고, 풍류도는 무교의 구조와 전개사를 포착함으로써 이루어졌다. 또한 무교에 대한 연구는 복음의 구조와 방법론의 이해에 바탕을 둔 토착화론의 전개 과정에서 요청된 것이다. 이러한 동기부여를 연쇄적으로 지닌 풍류신학의 내용들을 이해하기 위해선, 이미 앞에서 밝힌 풍류도의 구조와 전개에 근거하여 풍류신학의 내용인 구조와 전개를 살펴보아야 한다.

유동식에게 있어서 풍류신학의 구조는 풍류도의 구조에 대한 신학적 의미 부여이자 해석의 과정이고, 풍류신학의 전개 또한 마찬가지의 과정이다. 그런데 이러한 과정에 있어서 이미 앞에서 살핀 풍류도의 구조와 전개에 대하여 해석학적 이중성의 문제가 제기된다. 왜냐하면 대상 자체가 지니고 있는 해석학적 성격과 그 대상을 이해하는 과정의 해석학적 성격을 동시에 지니고 있기 때문이다. 풍류도라고 하는 대상은 그 자체 내에 최치원이 명명한 바대로 해석학적인 유의미성을 지니고 있는 것이며, 그것에 대한 풍류신학으로서의 유동식의 신학화는 그 유의미성을 이해하는 과정이나 절차 자체임으로 이 역시 해석학적이다. 유동식의 이러한 과정에서 해석학적 이중성의 문제가 제기된다. 이 문제에 대해 김광식은 "유동식의 풍류신학이 그리스도교적 진리와 이상을 풍류도에서 읽어낼 수 있다는 가설로 인해서, 그리스도적인 것과 풍류도적인 것이 너무도 동일시되어 있어서, 양자 사이의 관계 자체는 거의 논의되지 않고 있다"[30]고 밝히고 있다. 이러한 문제를 이해하기 위해서 먼저 풍류도의 구조와 전개에 대한 이해를 토대로 하여 풍류도의 신학적 유의미 구조를 검토하고자 한다. 그리고 나서 그것이 풍류신학으로 어떻게 전개되고 있는가를 살펴보고자 한다.

그런데 왜 풍류신학을 유동식은 제창하는 것인가? 이에 대해 그는 세 가지의 이유를 제시한다.[31] 그 첫째 이유는 우리를 구원하는 복음의 진리는 우리의 종교적 영성인 풍류도의 눈으로 주체적으로 이해하지 않으면 안 되기 때문이며, 둘째 이유로는 한국의 종교 문화사 자체가 제시하는 내적 당위성 때문이고, 셋째 이유로는 오늘의 새로운 선교적 상황이 풍류신학을 구상하게 하기 때문이라고 밝힌다. 유동식이 밝힌 이 세 가지의 이유에서 그의 견해가 토착화론에 대해 의견을 개진하는 단계를 넘어서서 새로운 선교신학적 차원으로 전이하였음을 볼 수 있다. 왜냐하면 풍류도의 포착으로 인해 굳이 복음을 한국화하는 토착화가 무의미하다는 뜻으로 받아들여진다. 이러한 차이는 이미 1960년대 토착화 논쟁의 과정 속에서 제기되고 있던 문제였다. 유동식은 논쟁 초기에 복음의

---

30 김광식, "토착화 재론," 「신학사상」 45집 (1984년 여름), 405.
31 유동식, 『풍류신학으로의 여로』, 27-28.

주체성에 대해 말했지만, 후엔 한국인의 신앙의 주체성을 강조하였다.[32] 논점의 중심이 한국인의 복음의 수용 의지로 옮겨지고 있었던 것이다. 그런데 관점의 중심이 무교 연구를 통해 확실한 기반을 갖게 됨으로써 1980년대에 들어서서 위와 같은 입장 표명을 하게 되는 것이다. 이와 같은 까닭은 유동식이 이미 무교 구조 속에서 자신이 이해한 복음의 구조를 동일하게 읽어내고 있기 때문인데, 복음의 구조의 내용들이 풍류도와 아무 상관을 갖지 않을 수 없다는 뜻이다. 왜냐하면 풍류도의 구조가 무교의 구조 속에서 출현된 것이기 때문이다. 이것이 유동식이 밝힌 대로, '한국 종교 문화사가 제시하는 내적 당위성'으로 받아들여지는 것이다. 그러므로 풍류도의 눈으로 복음의 진리를 이해한다는 것은 이미 토착화신학의 단계를 넘어서고 있는 것이다. 그러한 근거로 유동식은 새로운 선교적 상황을 제시하는데, 이는 제3세계 신학의 발흥을 전제하고 있는 것이다. 제3세계 도처에서 일어나고 있는 민족주의 운동과 함께 반서구 세계의 신학자들이 자기들의 토착 종교와 토착화론을 통해서 역사하고 계셨던, 신의 선교를 증거하는 토착화신학을 형성하려고 나서고 있는 현상에 대한 반영[33]인 것이다. 이 차원이 토착화론을 넘어서서 한국인을 위한 신학화로 전개되는 것으로써, 이를 위해 먼저 풍류도에 대한 신학적 해석이 제시된다.

풍류도의 신학적 의미 구조에 대한 파악은 풍류도의 한 · 멋 · 삶의

---

32 김광식, "1960년대 한국신학의 토착화논쟁에 대한 소론," 43.
33 변선환, "동양종교의 부흥과 토착화 신학," 「기독교사상」 (1983. 5.), 149.

구조를 복음의 입장에서 바라보고 계시하는 것(이 단계는 1960년대에 제시한 토착화론의 입장이다)이 아니라 풍류도의 눈에서 우리를 구원하는 복음을 이해하려고 한다고 밝히는데, 이것은 과거의 서구 중심적 기독교 이해에 의한 선교신학에 매달려 있을 수는 없게 되었기 때문이라고 설명한다.[34] 이러한 유동식의 설명은 어차피 서구 기독교의 신학이 그들의 시각에서 복음을 해석한 결과이므로, 이에 더 이상 매달려 있을 필요가 없다는 뜻으로 받아들여진다. 다시 말하자면, 이제는 기독교도 다른 종교들과 마찬가지로 한국 문화사 발전의 한 매체로 이해된다[35]는 것이다. 기독교의 역사에서 한국 문화사를 보는 것이 아니고, 한국 문화사의 발전 선상에서 기독교를 의미 있게 바라보자는 것이다. 이런 의미에서 풍류도의 눈으로 복음을 바라보고, 복음의 입장에서 또한 풍류도를 보기를 유동식은 제안한다. 이에 대에 유동식은 다음과 같이 밝힌다.

신학이란 교회의 복음선교에 봉사하는 학문이다. 따라서 신학은 마땅히 얼을 지닌 주체자의 입장에서 이루어지는 복음과의 대화적인 작업이어야 한다. 보다 구체적으로는 복음의 입장에서 그 민족의 얼을 이해하고, 또다시 그 민족적 얼의 입장에서 복음을 해석하는 작업이 될 것이다.[36]

---

34 유동식, *op, cit.*, 29.
35 유동식, "오늘의 선교적 상황과 타종교 이해," 한국기독교문화연구소 편, 『한국교회의 신학과 과제』 (서울: 연세대학교 출판부, 1985), 297.
36 유동식, *op, cit.*, 29.

이러한 의도를 지닌 작업의 결과가 풍류도의 신학적 의미 구조이다. 유동식은 이 작업을 풍류도와 기독교 복음의 대비를 통해서 시작한다. 무교 연구를 통해서 이해한 풍류도를 민족의 얼로 파악하여 기독교 복음과의 대화적 작업을 시작하는 것이다. 유동식은 풍류도의 포함삼교, 접화군생, 현묘지도의 본질을 터득하는 내용성을 신과의 합일로 파악하는데, 신과 하나가 된 새로운 존재 양식을 풍류객이라 지칭한다.[37] 이 풍류객은 하느님의 본성이라 파악되는 풍류도를 실현하는 분이다. 이러한 풍류도의 실현자로서의 풍류객의 포착은 기독교 본질에 있어서 그리스도와 관련되어져 부각된다. 풍류도의 눈으로 복음을 볼 때 그러하다는 뜻이다. 그리스도는 하나님의 말씀이 육신을 입고 인간이 되신 분이라고 믿는다. 곧 예수 안에서 초월적인 하나님과 인간이 하나로 융합되어 있는 것이다. 이런 의미에서 그리스도는 풍류객으로 파악된다.[38]

이러한 파악 후에 유동식은 다음과 같이 풍류도의 눈으로 파악하는 그리스도를 설명한다. 그에 따르면 "그리스도는 풍류객이요, 포함삼교자이요, 접화군생자이다." 풍류도와 그리스도 사건은 구조적으로 일치되어 있는 것으로 유동식은 파악한다.[39] 이러한 일치에 대한 확인이 풍류도의 내용이, 구조가 그리스도 안에서 온전하게 실현된다는 데 있다고 그는 밝힌다. 이러한 풍류도와 그리스도의 통전성의 확인과 확보는 바로 신학적

---

37 유동식, *op, cit.*, 63.
38 유동식, *op, cit.*, 63.
39 유동식, *op, cit.*, 64.

의미 구조가 된다. 유동식은 여기서 역사적 성서상의 예수가 아닌 그리스도에 주 관심을 두고 있다.

유동식은 그 유의미 구조를 풍류도의 구조와의 관련에서 파악한다. 한ㆍ멋ㆍ삶의 풍류도의 구조는 각각의 신학적 의미 구조를 지닌다. 이를 이해하기 위해서 먼저 생각해 볼 수 있는 것은 풍류도의 구조를 발견한 무교의 구조와 복음의 구조를 대비함으로써 파악할 수 있다. 이에 대해 유동식은 다음과 같은 도해를 한다.40

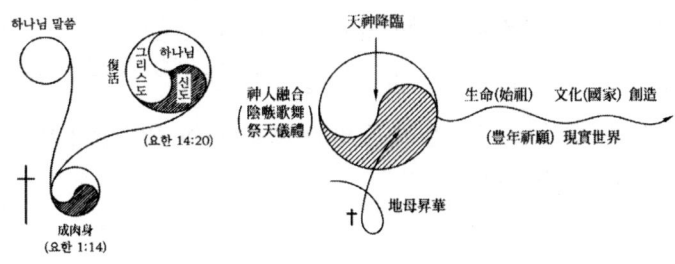

[그림 2]

그런데 이 그림에 무교의 구조와 관련된 풍류도의 구조를 그려보면 의미가 확실하게 보인다. 이것 또한 유동식의 도해이다.41 이 위쪽 그림의

---

40 유동식, *op, cit.*, 30.
41 유동식, 『한국무교의 역사와 구조』, 60.

파행선에 풍류도의 삼태극을 그려 넣으면, 무교의 구조 이해가 형성한 풍류도의 구조와 복음의 구조와의 관련을 파악할 수 있다. 그러나 이것도 앞에서 제기한 삼태극의 결합 관계를 고려한다면, 유동식의 재해석이 잠재하고 있다.

먼저 멋의 구조는 신학적 의미 구조에 있어서 복음의 이해를 동반케 한다. 멋의 구조 속에 담겨 있는 풍류도는 유동식이 파악한 복음의 구조를 읽어내는데, 이것은 요한신학을 중심으로 한 것이다. 이것은 이마 무교의 구조를 파악하는 데 있어서 성취했던 것이다. 성육신(요 14:20), 십자가, 부활의 복음의 구조는 무교의 구조 속에서 형성된 풍류도의 구조와 충분하게 만난다. 멋의 구조 속에 담긴 풍류도의 구조는 복음의 구조를 성취한 모습으로 드러나는데, 이것은 한 · 멋 · 삶의 모습으로 나타난다. 그러므로 멋의 구조는 신학적으로 구원을 풀어내는 것이다. 이 점에 있어 유동식은 다음과 같이 설명한다.

구원의 사건으로서의 십자가는 자기부정을 매개로 한 하나님과 인간의 사귐(코이노니아)의 회복이요, 얼의 회복 사건으로 이해된다. 여기에 부활의 세계가 있다. 풍류신학은 바로 이러한 구원의 복음을 풀이하는 신학이며 십자가와 부활에 동참하게 하려는 선교의 신학이기도 하다.[42]

---

42 유동식, 『풍류신학으로의 여로』, 31.

특히 멋의 신학적 의미 구조를 유동식은 '성령의 신학과 연결시킨다.[43] 유동식은 이것을 성령의 임재 체험으로 인한 임마누엘의 체험으로 설명한다. 이것은 풍류도의 종교 현상인 가무강신(歌舞降神), 즉 몸의 율동을 통해 신령이 인간 실존에 내리는 체험과 연결된다. 그리고 이러한 체험의 현상으로 한국교회사 속에서 독특하게 나타나는 부흥 운동을 연결시킨다.[44] 멋의 신학은 그러므로 풍류도의 입장에서 복음의 내용, 즉 그리스도의 십자가와 부활에 동참함으로써 그와 하나가 되는 사귐을 가져, 그리스도를 매개로 하나님과 하나가 되는 임마누엘의 실존(요 14:20)을 파악하고자 하는 신학이 된다.[45] 이것은 복음의 내용을 결과적으로 내포하고 있게 되는 것이다.

두 번째의 한의 구조는 신학적 의미 구조에 있어서 우주적 세계관으로, 한의 구조가 갖고 있는 포월적 구조로 하나님과 관련된다. 유동식은 이와 관련해서 하나님과 그의 우주 섭리를 파악하는데, 이를 위한 도구로써 우주 창조 질서의 진화론적 전개를 제시한다. 우주의 창조 질서는 '무기물 → 생명화 → 인간화 → 사회화 → 영화'의 진화론적 전진을 해 왔다고 밝히고, 영화 완성은 우주의 종말론적인 미래에 기대된다[46]고 밝힌다. 포함삼교로 형성된 한의 신학은 풍류도의 멋의 신학에 의해서 복음을

43 Ibid.
44 유동식, "한국감리교회의 어제 — 한 신학적 조명,"「기독교세계」 750호 (1990), 9.
45 Ibid., 8.
46 유동식, op, cit., 33-34.

땅끝까지 전하라는 인간의 삶의 전 영역에 미치는 선교 명령과 일치하게 된다. 이것은 뜨거운 성령의 체험에 의해 복음의 말씀을 인간이 사는 모든 세계에 전하기 위해서는 유교, 불교, 도교가 도달한 구원의 세계까지를 포괄하는 것이다. 이것을 유동식은 오이쿠메네와 연결시킨다.[47] 이 부분은 유동식이 제시한 종교 · 우주적 신학과의 관련해서 이해된다. 이것은 유기적 자연관, 우주적 자연관, 영적 종교의 내용을 담고 있는 것이다.

세 번째의 삶의 구조는 신학적 의미 구조에 있어서 복음의 삶의 양식으로서 선교적 사명을 지닌 것으로 나타난다. 이것은 그리스도의 삶의 양식과 관련되어 제기된다. 그리스도의 삶 자체가 풍류도의 삶과 구조와 맥을 같이한다는 생각이다. 이것은 접화군생의 풍류도의 구조가 사람들로 하여금 사람답게 살게 하는 자유와 사랑과 평화의 삶을 드러내 보여준다고 한다.[48] 이러한 삶은 유동식은 아가페의 사랑의 실현으로 인간화를 제시한다. 이것이 복음의 본질이라는 것이다.[49] 이러한 삶은 선교적 사명과 관련해서 하나님과 인간 사이의 담을 타파하는 일로, 악의 세력과 비인간화의 세력을 타파하는 사명으로, 한국이 지닌 역사적 과제인 민주화와 민족 통일의 성취를 위한 신앙 운동으로서의 선교적 사명을 제시한다.[50]

---

47 유동식, "한국 감리교회의 어제 ― 한 신학적 조명," 9.
48 유동식, 『풍류신학으로의 여로』, 35.
49 유동식, *op, cit.*, 10.
50 유동식, 『풍류신학으로의 여로』, 36.

지금까지 살펴본 바대로 풍류신학의 구조는 신인합일에 기초한 '멋의 신학과 포월적인 '한의 신학', 인간화를 향한 '삶의 신학'의 구조로 형성되어 있다. 이것은 풍류도와의 관련에 대해 파악하고 이해한 것이다. 유동식은 이러한 풍류신학을 교회에 정면으로 도전해 오는 두 사탄에 대한 방어와 공격의 무기로써 제시한다. 유동식이 제시하는 사탄의 하나는 바다에서 올라온 짐승 '레비아탄'이고, 다른 하나는 땅에서 올라온 거짓 예언자 '바알'이다(계 13장). 유동식은 각각을 우상화된 집단적 정치권력과 풍요로운 생산신 숭배를 가져오는 물신주의로 해석하면서, 풍류신학이 이러한 두 사탄에 의해서 이루어지는 비인간화의 현상에 대한 신학적 숙고로써, 인간화의 근본을 임마누엘의 체험으로서 악의 세력으로부터의 인간의 해방을 제시한다.[51] 이제 이러한 풍류신학의 세 구조가 어떻게 전개되는지 살펴볼 필요가 있다. 이미 유동식에게 있어서 구조의 파악과 전개의 확인은 동전의 앞뒷면과 같은 것이다.

　　풍류신학의 전개사에 대한 파악은 두 가지 방향에서 이루어진다. 그 하나는 한국 역사 속의 종교 문화사 속에 흐르는 풍류도의 구조, 즉 풍류신학의 구조의 전개 내용을 확인하는 것이고, 다른 하나는 우주적 역사의 과정에서 파악한다. 이것은 우주 창조의 진화적 질서의 정리를 의미한다. 풍류신학의 전개를 유동식은 도해를 통해서 제시한다.[52]

　　이 도해[그림 3]를 통해서 볼 때, 한, 멋, 삶의 풍류도의 구조가 기독교

---

51 유동식, *op, cit.*, 10.

52 유동식, 『풍류신학으로의 여로』, 33.

복음의 전개로, 동양 종교 문화와의 전개로, 한국 문화의 전개로, 우주 창조의 진화적 질서로 전개되었음을 알 수 있다. 지금까지 살핀 풍류신학의 내용인 구조와 전개에 대한 유동식 자신의 정리는 다음과 같다.

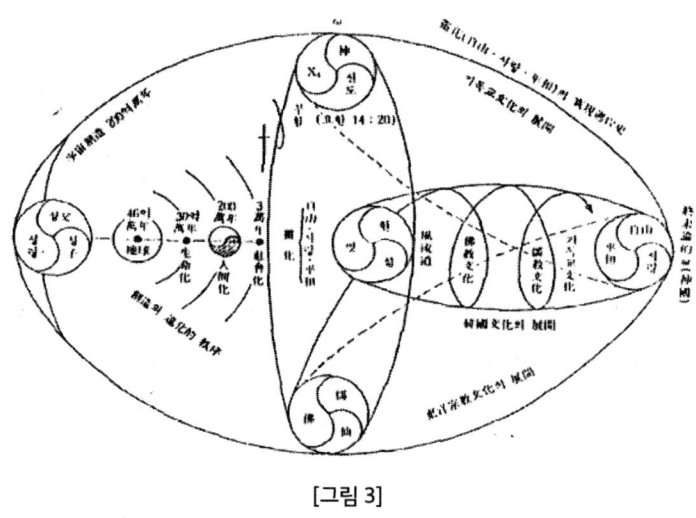

[그림 3]

풍류신학의 개요는 풍류도의 구조를 따라 표현된다. 첫째는 멋의 신학이다. 풍류란 멋을 뜻하며 풍류도의 핵심은 신인융합에 있었다. 여기에서 멋을 구성하는 자유와 율동과 조화 그리고 신의 능력을 힘입은 창조력이 나온다. 복음이란 바로 이러한 멋의 완성이다. 그리스도의 십자가와 부활을 통해 성취하신 것은 하나님과 우리가 하나가 되게 한 것이다(요한 14:20). 십자가란 자기 부정적 사랑이며 이것은 바로 동양 종교와 만나는 접촉점이 된다. 둘째는 한의 신학이다. 풍류도란 포함삼교하는 초월적 진리이다. 이러한 포월성이 곧 '한'이다. 하나님은 초월하시며 동시에 내재하시는 '한' 님이시다(에베소서 4:6). 풍류신학이란 바로 이러한 하나님의 포월성을 체받아 살게 하는 신학이다. 셋째는 삶의 신학이다. 풍류도는 사람으로 하여금 사람되게 하는 접화군생의 진리이다. 복음이란, 말씀이 인간이 됨으로써 사람들을 인간화하는 구원의 진리이다. 삶의 신학이란 바로 인간의 본성을 회복하려는 인간화의 신학이다. … 풍류신학이란 한국의 문화적 전통과 기독교의 전통이 하나로 합류하는 것이며, 이 합류를 통해 새로운 세계, 곧 부활의 세계를 살자는 신학이다.[53]

유동식의 이러한 논의에 대한 검토에도 불구하고 이미 앞에서 언급한 김광식의 지적에서 제기되었던 풍류도와 기독교의 진리에 대한 구체적 간격은 나타나지 않고 있다. 지금까지 살핀 유동식의 신학 형성의 전 과정을 토대로 생각한다면, 이러한 문제점의 추구는 유동식의 신학 사상의 형성에 있어서 반드시 검토되어야 할 것임에도 불구하고 유동식 자신에겐 무의미한 것으로 나타난다. 왜냐하면 유동식은 기독교의 복음과 풍류도의 사이에서, 복음을 해석을 위한 대상으로 파악하지 않고, 한국인의 보편적 종교적 진리인 풍류도의 내용으로 파악하고 있기 때문이다. 유동식의 해석학적 사유에 있어서는 해석의 거리가 풍류도로 통전되어 주관화된 채로 지평융합이 이루어지고 있기 때문이다. 그러므로 이러한 사유가

---

53 *Ibid.*, 160-161.

해석학적으로 보편성을 가지는가 하는 문제는 풍류도에 대한 재해석이 해석학적인 보편성을 획득하고 있는가 하는 문제로 제기되어야 하며, 그에 대한 검토가 이루어져야 하는 것이다. 이에 대해 유동식은 아무런 검토가 없다. 유동식에게 있어서 풍류신학의 구조화의 시도는 풍류도라는 구조에 대한 중시로 인하여, 신학적 의사소통의 합리성과 보편성을 상실한 채, 해석을 위한 도구적 차원으로 전락할 위험성을 내포하고 있다. 풍류도의 구조로 복음을 읽어내고 있다는 생각은 복음이 지니고 있는 풍부한 내용을 풍류도의 틀로 협소화시키거나 궁핍화시킬 수 있는 것이다.

II. 한국 신학의 광맥

1. 한국 신학 사상의 분류

이미 앞에서 살펴본 것처럼 유동식은 1960년대에 토착화 논쟁이 정리되고, 1965년에 『한국종교와 기독교』를 출간하였다. 이후 유동식은 기독교 복음의 토착화 양상을 이해하기 위하여 한국인의 종교문화적 사상의 기초 이념을 파악하기 위하여 무교를 연구하였다. 그 결과 유동식은 풍류도를 재발견하게 되었고, 그것을 통해서 한국인을 위한 신학이라는 풍류신학을 구상하여 전개시키고자 하는 노력을 지속하고 있다. 유동식의 이러한 노력은 또 다른 방향에서 연구 성과를 보여주고 있는데, 그것은 한국 신학 사상의 사적 검토를 시도하고 있는 데서 나타난다.

유동식은 무교 연구를 통하여 발견한 한국 종교 문화사상의 기초 이념인 풍류도와 한국의 신학 사상을 연결시켜, 한국의 신학 사상을 한국 사상의 일부로 편입시켜 이해하고자 한다. 유동식의 이러한 작업은 그의 『한국 신학의 광맥 ― 한국 신학사상사 서설』에 드러나 있다. 유동식의 이러한 작업 결과를 통해서, 풍류도의 빛에서 한국 신학 사상이 어떻게 재구성되고 있는가를 살펴보고자 한다. 그의 이러한 노력은 한국의 신학 사상사에 한국인의 사유의 기초 이념인 풍류도의 구조가 반영되고 있음을 드러내 보임으로써, 풍류신학의 형성 가능성을 반증하고자 하는 시도로 보인다. 다시 말하자면, 유동식의 한국 신학 사상의 사적 검토와 서술은 풍류신학의 실제 적용의 한 단면인 것이다.

유동식은 이미 토착화 논쟁이 정리되고 나서, 1968년에 한국 신학사상사를 형성하기 위한 관심의 반영으로 「기독교사상」을 통하여 신학자별로 평전을 기획하고 11회에 걸쳐서 게재하였다. 유동식이 "한국 신학의 광맥"이라는 제목으로 연재한 신학자들은 다음과 같다.

양주삼,[54] 남궁혁,[55] 송창근,[56] 정경옥,[57] 박형룡,[58] 변홍규[59], 김재준,[60]

---

54 유동식, "한국신학의 광맥 (1) ― 한국 최초의 신학자 양주삼 편," 「기독교사상」 12/1 (1968. 1.): 60-67.

55 유동식, "한국신학의 광맥 (2) ― 한국 최초의 신학자 남궁혁 편," 「기독교사상」 12/2, 62-67.

56 유동식, "한국신학의 광맥 (3) ― 한국 최초의 신학자 송창근 편," 「기독교사상」 12/3, 66-71.

57 유동식, "한국신학의 광맥 (4) ― 한국 최초의 신학자 정경옥 편," 「기독교사상」 12/4, 100-105.

58 유동식, "한국신학의 광맥 (5) ― 한국 최초의 신학자 박형룡 편," 「기독교사상」 12/5, 88-95.

59 유동식, "한국신학의 광맥 (6) ― 한국 최초의 신학자 변홍규 편," 「기독교사상」 12/6,

홍현설,[61] 김정준,[62] 윤성범,[63] 서남동[64] 등이다. 그리고 12회에선 "가난하지만 우리는 젊다"라는 제목[65]으로 한국 신학사상사를 간략하게 정리하고 있다. 유동식이 11명의 신학자를 선택하여, 기획적으로 평전을 서술한 이유는 구체적으로 밝혀지고 있지 않으나, 12회의 제목인 "가난하지만 우리는 젊다"에서 그 의도를 엿볼 수 있다. "가난한 대로 우리 나름의 역사가 있다. 그리고 이 역사 위에서 내일을 세워가려고 하는 것이다"[66]라고 밝힌 글의 서두에서 그 의도들 살펴볼 수 있는 것이다.

유동식은 "한국 신학의 광맥"이라는 제목으로 글을 연재할 당시만 하더라도 한국 신학 사상을 보수와 진보로 나누어 이해하였다. 이러한 구별이 생기는 근거로 그는 성서관과 에큐메니즘에 대한 태도를 들었다.[67] 그러나 1980년대에 들어서서 풍류신학을 구상하고 그에 따른 결과로써

112-116.

60 유동식, "한국신학의 광맥 (7) ― 한국 최초의 신학자 김재준 편," 「기독교사상」 12/7, 84-91.

61 유동식, "한국신학의 광맥 (8) ― 한국 최초의 신학자 홍현설 편," 「기독교사상」 12/8, 116-121.

62 유동식, "한국신학의 광맥 (9) ― 한국 최초의 신학자 김정준 편," 「기독교사상」 12/9, 121-127.

63 유동식, "한국신학의 광맥 (10) ― 한국 최초의 신학자 윤성범 편," 「기독교사상」 12/10, 105-109.

64 유동식, "한국신학의 광맥 (11) ― 한국 최초의 신학자 서남동 편," 「기독교사상」 12/11, 107-112.

65 유동식, "가난하지만 우리는 젊다 ― 한국신학의 어제와 내일," 「기독교사상」 12/12, 114-124.

66 *Ibid.*, 114.

67 *Ibid.*, 121.

한국 신학사상사에 대한 논의를 재개하면서, 유동식은 자신이 발견한 풍류도의 구조를 따라 한국 신학 사상의 유형을 제시하였다. 이러한 노력은 『한국신학의 광맥』의 재편인 『한국신학의 광맥 — 한국신학사상사 서설』에 반영되어 있다.

유동식은 한국 신학 사상을 한국인의 기초 개념인 풍류도와의 관련에 대해 파악하고 이해하게 됨으로써, 한국 신학 사상을 한국 사상의 한 지류로 이해할 수 있다[68]고 밝힌다. 또한 풍류도의 구조가 한국 신학 사상의 윤곽을 결정하는 기본 요인이 되었으며, 더 나아가서 풍류도의 세 구조가 기독교 신앙을 매개로 어떻게 현실에 반응했는가를 살펴보고자 한다[69]고 밝힌다. 『한국신학의 광맥』의 이러한 집필 의도는 풍류도의 세 구조가 한국 신학 사상 형성의 유형으로 자리 잡았음을 예증하면서, 나아가 풍류도의 구조를 신학화한 풍류신학의 형성 배경과 원인을 한국 신학사상사라는 사적 배경에서 확인하고자 하는 것이다. 다시 말하자면, 풍류신학이 난데없이 생겨난 것이 아니라 한국 신학 사상의 틀 속에서 배태된 것이며, 그 발전적 유형의 하나라는 것을 반증하기 위한 시도로 제시되고 있는 것이다. 풍류도의 세 구조를 한국 신학사상사 서술의 양식으로 삼아, 한국의 신학 사상이 한국 사상의 한 지류로 파악되는 근거를 제시하기 위함도 반영되어 있다. 한국 신학 사상을 해석하기 위한 분석과 서술의 도구로 풍류도의 세 구조를 사용함으로써, 1960년대에 기술한

---

68 유동식, 『한국신학의 광맥』 (서울: 전망사, 1982), 14.
69 *Ibid.*, 28.

『한국신학의 광맥』을 넘어서서 하나의 체계를 지나는 사적 서술을 완결하고 있는 것이다.

유동식은 한국교회가 한국 사회의 제반 여건과 관계를 맺으면서 보인 반응 방식을 세 가지로 유형화시킨다. 그 하나는 개인의 영적 구원과 묵시문학적 희망에 중점을 둔 신앙 운동이고, 다른 하나는 현실의 고난과 부조리를 극복해 나가려는 외향적 신앙 운동이며, 마지막으로 거시적 입장에서 한국의 전통문화 특히 종교와 기독교 복음과의 만남의 문제를 통해 한국 문화 전체의 의미와 구원을 모색하는 신앙 운동이다.[70] 이러한 신앙 운동을 뒷받침한 신학의 유형으로 유동식은 각각의 관련성에서 보수적 근본주의 신학, 진보적 사회 참여의 신학, 문화적 자유주의의 신학이라고 이름 붙인다. 1960년대에 2개의 구조로 유형화시켰던 것이 풍류도의 구조 발견으로 인하여 세 개의 유형으로 정리되었다. 유동식은 이 세 개의 유형이 풍류도의 구조에서처럼 하나의 한국 신학사상사를 형성하며, 상호보완적 관계를 유지하며, 조화 속에서 전개되고 있다[71]고 설명한다.

유동식의 한국 신학 사상의 분류를 보면, 첫째는 보수적 근본주의 신학의 흐름이다. 유동식은 이것을 풍류도의 '한'의 구조와 연결시켜 이해한다. 이 유형이 보여주는 신학적 특징과 한국교회사에서의 양상에 대한 유동식의 설명은 다음과 같다.

---

70 유동식, 『한국신학의 광맥』, 28.
71 *Ibid.*, 30.

'한'의 초월성에 입각한 하나님 중심주의 신학이라 하겠다. 하나님의 절대
성이 강조되며 그의 말씀이 성서의 절대성이 또한 강조된다. 성서의 무오
설이 이 신학 사상의 대전제가 된다. 따라서 성서의 모든 비판적 연구는
배격된다. ··· 여기서는 '한'이 지닌 포월성이 충분히 작용하지 못한 가운데
그 초월성과 절대성만이 강조되어 있다. 그것이 현실과 부닥쳐서는 교회의
비정치화 정책을 낳게 했다(1901). 그리고 민족의 구원을 개인의 영적
구원에서 찾으려고 했다 . ··· 이것이 교회 확장에 한 중요한 기능을 담당했
다. 이것은 대체로 한국 예수교 장로회의 공식 신학의 전통을 만들어 왔다.
그리고 이러한 신학사상에 초석을 놓은 이는 초기의 길선주와 30년대의
박형룡 두 사람이었다.[72]

둘째 유형은 진보적 사회 참여 신학의 흐름이다. 유동식은 이것을
풍류도의 '삶'의 구조와 연결시킨다. 이에 대한 유동식의 설명은 다음과
같다.

'삶'은 사회적 살림살이를 통해 인간의 본연의 모습을 실현하려는 이념이
다. ··· 그러므로 성육신 사건을 복음의 핵심으로 받아들인 신학의 전개가
있었다. 이것이 한국의 진보적인 현실 참여의 신학적 흐름을 낳았다. 이들
의 관심은 망해가는 민족의 운명을 구하는 데 있었고, 상실된 인권의 회복

---

72 *Ibid.*, 29.

과 사회적 질곡으로부터의 인간 해방에 있었다. 여기에 사회 정의를 외치는 예언자적 참여의 신학과 그 전개가 있다. 이러한 신학적 전통의 초석을 놓은 이는 초기 감리교의 윤치호와 1930년대 장로교의 김재준 두 사람이다.[73]

셋째 유형은 문화적 자유주의 신학의 흐름이다. 유동식은 이것을 풍류 도의 '멋'의 구조와 연결시켜 이해한다. 이에 대한 설명은 다음과 같다.

> '멋'은 풍류의 대명사다. 풍류란 자연과 인생과 예술의 융합과 조화 속에 일어나는 문화 현상이다. 그리고 풍류라는 문자 그 자체가 뜻하듯이 거기 에는 흐르는 바람과 같은 성령의 자유가 전제되어 있다. … 이들의 주요 관심사는 수시로 변천하는 현실 사회를 넘어선 민족적, 문화적 전통과 기독교의 진리와의 만남이다. … 이것은 대체로 감리교의 신학적 전통을 이루고 있으며, 그 초석을 놓은 이는 초기의 최병헌과 1930년대의 정경옥 두 사람이었다.[74]

유동식은 이러한 세 유형 속에 자신의 신학 사유를 포함시켜 자신의 입지를 문화적 자유주의 신학에서 찾는다. 그가 한국 신학 사상을 서술함에 있어서, 세 가지 유형을 풍류도와의 관련에서 검토한 것은 한국의 신학 사상을 토착화된 한국 사상의 한 지류로 파악하고자 하는 동기부여였다.

---

73 *Ibid.*
74 *Ibid.*, 30.

유동식은 한국의 기독교를 이 땅에 뿌리 내린 종교로 파악함으로써, 자신이 1960년대에 주장한 토착화론의 근거를 제시하고자 하는 의도에서였다. 보편적 진리인 복음이 구체적 역사 속에서 어떻게 자기 모습을 파괴시키지 않고 드러내 보이고 있는가에 대한 검토가 바로 한국 신학사상사의 서술로 나타나고 있는 것이다. 기독교 복음의 토착화의 양상으로서 유동식은 위의 세 가지 양식을 풍류도와 관련지어서 제시한 것이다. 이것은 기독교 복음이 세 가지 양상을 만들어 낸 것이 아니라 토착화되는 과정에서 한국인의 기초 이념인 풍류도가 세 가지의 양상을 만들어 냈다는 의미이다. 다시 말하자면, 기독교 복음의 토착화 과정의 단면에서 나타나는 이러한 세 유형은 한국인이 복음을 주체적으로 수용하면서 나타난 결과인데, 그것은 결국 한국인의 종교 문화적 기초 이념인 풍류도의 세 구조를 반영하고 있다는 것이다. 『한국 신학의 광맥』에 드러나는 유동식의 사유는 한국 신학 사상 속에 이미 풍류도의 구조가 잠재되어 반영되고 있음을 예증하고 있는 것이다. 그러므로 유동식에게 있어서 한국 신학사상사에 대한 연구는 개별적 관심에서 이루어진 것이 아니라 토착화론의 연장선상에서, 풍류신학의 형성 시도로서 제시된 것이다. 유동식의 이러한 노력의 결과로 신학사상사는 한국 사상의 한 지류로서 파악되고, 한국 신학 사상이라는 구체화된 개념화가 가능해진 것이다. 한국 신학 사상 속에서도 그가 발견한 풍류도의 세 구조가 교차되어 전개되고 있는 것이다.

2. 토착화신학의 평가

유동식은 앞에서 살펴본 것처럼 한국의 신학 사상 속에서도 풍류도의
세 구조의 결합과 전개를 확인함으로써, 풍류신학의 형성 가능성을 확인하
고 그것의 형성을 위한 시도에 주력하였다. 그 과정에서 유동식은 1985년에
들어서서 종전의 한국 신학 사상 전반에 대한 이해를 기초로 하여 한국
기독교의 타종교에 대한 이해를 검토한다.[75] 한국 기독교의 타종교 이해가
곧바로 토착화신학의 양상이라고는 할 수 없으나, 유동식은 한국 기독교의
타종교 이해에 대한 검토를 통해서 자신을 포함하여 1960년대 이후 제기된
여타의 토착화신학의 양상을 분석하고 평가한다. 이것은 『한국신학의
광맥』에 담겨 있는 신학의 제 양상 중 타종교에 대한 이해를 시대별로
추출하여 정리한 것이다.

유동식은 『한국신학의 광맥』에서와 같은 시대 구분을 통하여, 1920년
대까지를 선교 초기의 '호교적 종교변증론 시대'로 분류하고, 다음으로
1930년대를 '종교학적인 종교 일반론'이 성행하던 시대로 구분한다. 마지
막으로는 1960년대 이후의 '종교 간의 창조적 대화'를 모색하는 시대로
대별한다.[76] 첫째의 시기에서 선교의 초기 과정에서 나타나는 호교론을
제시하며, 최병헌의 종교변증론을 이 시기의 대표적 주장으로 파악한다.
두 번째 시기에서 채필근, 정경옥, 박형룡의 논조를 제시하여 정리한다.

---

75 유동식, "한국기독교(1885-1985)의 타종교에 대한 이해," 「연세논총」 (1985): 321-350.
76 *Ibid.*, 323.

먼저 채필근의 경우는 종교 호교론에서 시작하여 객관적인 종교학의 논조를 제시하고 있다[77]고 평가한다. 그는 박형룡에 대하여 기독교 변증학적 입장에서 종교철학의 우월성은 발전적으로 제시하고 있다[78]고 평가한다. 다음으로 정경옥에 대해서는 종교의 본질적인 진수와 종교의 역사적 현상이 지닌 민족 문화적 요소를 구별함으로써, 1930년대에 이미 1960년대의 한국교회가 봉착한 토착화론의 원리를 제시했다[79]고 평가한다.

유동식은 1960년대의 창조적인 대화의 시기의 진입에 대하여, "기독교가 호교적인 입장에서 타종교를 비판하고 변증함으로써 이교 사회에서 포교하려던 초기와 종교 일반론을 통해 종교의 본질을 규정하고, 기독교가 완전한 최고의 종교임을 주장하던 제2기는 지나갔다. 이제는 타종교와의 대화를 통해 기독교 자체가 성장할 뿐만 아니라 한국 문화 전체를 풍요롭게 하려는 창조적인 제3의 시대를 맞이하게 된 것이다[80]"라고 선언한다. 유동식의 이러한 선언은 토착화론을 통한 타종교에 대한 재평가를 염두에 둔 것으로 보인다. 유동식은 1960년대 이후 타종교에 대한 이해를 다시세 단계로 나누어 1960년대의 기독교 토착화운동, 다음으로 1970년대의 개별적인 종교 연구와 대화의 모색 그리고 마지막으로 1980년대의 한국 신학의 형성 매체로서의 타종교 이해, 또는 창조적 대화의 움직임[81]으로

---

77 *Ibid.*, 329.
78 *Ibid.*, 331.
79 *Ibid.*, 335.
80 *Ibid.*, 335-336.
81 *Ibid.*, 336.

이해한다. 유동식의 이러한 분류를 바탕으로 해서, 그가 분석 제시하는 토착화신학에 대한 평가를 살펴보고자 한다.[82]

먼저 유동식은 1960년대의 기독교 토착화운동의 주 관심으로, 한국의 재래 전통 종교가 무엇인가를 천명하는 데 있으며 이것을 밝히기 위해 재래 종교에 대한 연구와 기독교의 관계 문제가 부각되었다[83]고 밝힌다. 이러한 1960년대의 관심을 제기한 선두 주자로 자신을 포함해서 김재준과 윤성범을 제시한다. 유동식은 김재준의 "비기독교적 종교에 대한 이해"(「기독교사상」, 1965)를 들어서, 김재준이 제시하는 타종교에 대한 기독교의 자세와 이해를 세 가지 유형으로 나열하여 설명하면서 김재준이 타종교와 대화 필요성을 제시하고 있다[84]고 평가한다. 다음으로 윤성범에 대해서는 "윤성범이 타종교를 기독교 진리 이해를 위한 전이해로 보는데, 이것은 계시의 보편성과 종교 간의 연속성을 전제함으로써 가능하다"[85]고 평가한다. 이러한 유동식의 평가는 윤성범이 기독교의 삼위일체 신관과 단군신화의 삼신을 연결시킴에 있어서 계시의 보편성과 종교 간의 연속성이 무시되었다는 유동식의 평가이다.

다음으로 1970년대의 개별적인 종교 연구와 대화 모색의 시기의 성격에 대해서 유동식은 다음과 같이 밝힌다. "1960년대에는 타종교 일반과

---

82 이 논문은 유동식의 신학 사상을 연구하는 것을 목적으로 하기 때문에 유동식 외의 토착화신학자들의 개별적 사상 연구는 논외로 하고자 한다.

83 *Ibid.*, 337.

84 *Ibid.*, 337.

85 *Ibid.*, 338.

기독교의 관계를 논한 데 그쳤다. 그러나 1970년대에 들어서서는 구체적으로 하나의 전통 종교를 대상으로 보다 깊은 연구를 추진함으로써 새로운 신학 운동을 모색하게 되었다."[86] 이러한 신학 운동의 선두 주자로서 유동식은 자신을 포함하여 윤성범과 변선환을 제시한다. 먼저 윤성범에 대하여서, 윤성범이 한국 유교를 연구함으로써 거기에서 한국적 신학을 시도했다[87]고 설명한다. 아울러서 그는 윤성범의 이러한 노력이 방법론에 있어서 다분히 유비론에 의한 평면적인 연속성을 찾고 있는 것 같다[88]고 평가한다. 다음으로 변선환에 대해서, 변선환이 불교와의 만남의 문제를 제시하며, 특히 기독론의 문제를 어떻게 근대화의 과제와 관계시킬 것인가 하는 문제에 관심을 보이고 있고, 이를 위해서 변선환은 서구의 유수한 신학자들의 사유를 통해 자신의 의견을 해명하고 있다[89]고 밝힌다.

마지막으로 유동식은 1980년대에 대한 이해로서 그는 한국 신학의 형성 과제를 주 관심으로 논술하고 있는데, 이것은 1970년대 후반에 가시화되기 시작한 민중신학과 자신의 풍류신학 그리고 변선환의 타종교 신학을 주 내용으로 하고 있다. 『한국신학의 광맥』에서 유동식은 주요 민중신학자들로 김정준, 서남동, 안병무, 김용복, 현영학 등을 들고 있는데, 민중신학에 대해서는 여타의 평가를 자제하고 있다. 이것은 유동식이

---

86 *Ibid.*, 340.
87 *Ibid.*, 340.
88 *Ibid.*, 341.
89 *Ibid.*, 343.

아직 '도상에 있는 신학'으로서 민중신학을 이해하고 있기 때문이다. 1980
년대의 한국 신학의 과제로서 유동식은 민중신학의 체계화, 종교신학의
형성, 성령 신학의 형성 등의 세 가지를 제시하고 있다.[90] 유동식은 타종교의
이해와 관련해서는 현영학의 민중신학론과 자신의 풍류신학론, 변선환의
타종교의 신학을 거론하고 있다. 먼저 현영학의 민중신학론은 민중의
종교 체험을 통한 한(恨)의 종교성을 계시한다[91]고 설명한다. 여타의 민중신
학자들을 거론하지 않고 현영학을 민중신학의 대표격으로 분석하고 있는
것은, 현영학이 민중신학자들 중 유일하게 타종교와 관련해서 민중신학을
제시하고 있기 때문이다. 다음으로 유동식은 변선환은 타종교의 신학론에
대해서, 종교에 대한 서구적 편견과 교회 중심주의와 그리스도론의 배타적
절대성의 주장을 한국교회가 포기하고 타파해야 할 것이라는 변선환의
설명을 들어, 이것은 주체적인 한국 신학의 형성을 가능케 하는 것[92]이라고
평가한다.

　지금까지 유동식이 평가하는 토착화신학의 양상에 대한 내용들을
검토하였다. 이것은 1960년대 이후의 한국 신학 안에서 이루어진 토착화론
의 내용들을 타종교와의 관련에서 정리한 것이다. 또한 이것은 유동식이
한국 신학사상사의 전개와 서술에서 제시한 한국 신학 사상의 유형을
따라서 분류 정리한 것이기도 하다. 토착화신학에 대한 유동식의 평가는

---

90 유동식, 『한국신학의 광맥』, 278-282.
91 유동식, *op. cit.*, 346.
92 유동식, *op. cit.*, 349.

아직 적극적으로 제시되어 있지 못하다. 이러한 원인은 타 신학자들이 토착화에 대한 개념 전개를 중시하고 있지 않은 데 기인한다고 보인다. 오히려 토착화신학이라는 개념어보다는 한국적 신학이나 한국 신학이라는 포괄적 개념어를 쓰고 있기 때문이다. 유동식은 이러한 연구 결과를 통하여 자신의 신학적 사유가 이러한 한국 신학 안에서 한 흐름을 형성하고 있는 토착화신학의 제 양상을 계승하고 있음을 드러내는 것이다.

유동식은 1988년에 연세대학교 교수직을 정년 퇴임한 이후 2022년 타계했다. 유동식이 저술한 역사서로는 하와이 한인 감리교회의 85년사인 『하와이 한인과 교회』와 재일본 YMCA의 역사인 『재일본한국기독교청년회사』가 있다. 유동식의 이러한 역사서 저술은 지금까지의 풍류신학의 구상과 형성 시도의 과정으로 볼 때 예외적 일이긴 하다. 그러나 역사 저술에 담긴 유동식의 신학적 사유의 전개는 이미 위에서 살펴본 것처럼 풍류신학 형성의 전 과정이 반영된 결과이다. 유동식은 풍류신학을 통한 신학적 사유의 결과물을 역사 저술이라는 적용을 통해서 찾고 있기 때문이다. 그러한 의도가 『한국신학의 광맥』에 담겨 있는 것이다. 교회사와 사상사 속에서 움직여 온 한국인의 사유의 폭을 유동식은 풍류신학의 신학적 사유의 내용을 발견하기 위한 전거로 삼고자 하는 것이다. 이러한 의도가 기관이나 개교회의 역사를 서술하면서 얼마나 반영되고 있는지에 대해서는 아직 확실한 근거가 제시되고 있지 않지만, 신학과 교회의 역사를 통해서 풍류신학의 전거를 삼으려는 노력은 계속되고 있는 것이다.

지금까지 유동식의 신학 사상을 유동식의 관심과 문제의식을 따라 살펴보았다. 아직도 신학 사상의 형성 과정 중에 있는 유동식의 신학

사상을 살펴본다는 것은 무모하고 현재로선 무의미한 일인지 모르겠으나, 한국의 재래 전통적 종교 사상과 기독교의 만남을 시도하고 있는 유동식의 신학 사상을 연구하는 것은 이 부분에 대한 연구 발전을 위해서 필요한 일이라 생각한다. 유동식의 신학 사상을 연구함에 있어서 두 가지 핵심적인 문제에 주력했다. 하나는 유동식이 어떻게 기독교와 한국의 재래 전통적 종교 사상을 만나게 하고 있는가 하는 것과 왜 그러한 시도를 하는가 하는 문제의식의 탐구였다. 그리고 다른 하나는 그러면 그러한 내용이 어떻게 우리의 현실 속에 살아 있는 지식으로 도달할 수 있는가의 문제였다.

전자의 문제를 탐구하기 위해서 먼저, 2장에선 유동식의 신학 형성에 미친 사회적, 지적 경험을 유동식의 삶의 방향을 따라 검토했다. 연구 결과, 유동식의 신학 형성에 있어서 중요한 배경이 된 것은 여러 차례 반복된 전쟁의 경험을 통해서 얻은 삶과 죽음의 실존적 문제였다. 이것을 내면적으로 해결하기 위해서 탐독한 서적들을 통해서 형성한 동양적 영성의 세계에 대한 추구가 그의 신학 형성에 중요한 자리를 차지하고 있는 것이다. 또한 미국 유학의 과정에서 만난 불트만의 신학은 유동식의 신학 형성에 있어서 신학 형성을 가능케 하는 디딤돌이 되었다. 이 밖에도 신학 형성에 직간접으로 영향을 미치고 그에 대한 반응을 보인 것이 있지만, 유동식의 신학 형성의 배경에는 이 두 가지의 경험이 절대적 영향력을 행사하고 있는 것이다. 그러므로 유동식의 신학 형성은 젊은 시절의 물음의 지속적 추구의 결과로 보인다. 그것은 새로운 학문적 결과물을 위해 과거에 지녔던 생각을 전면적으로 수정하는 것이 아니라 점진적으로 자신의 사상 체계 속에서 발전시킨 결과이다.

3장 '토착화신학과 무교 연구'에선, 유동식의 신학 사상을 그의 관심의 변화 과정을 따라 살펴보았다. 먼저 토착화 논쟁의 발발과 선교신학에선 그의 토착화론을 살펴보았는데, 그는 기독교 복음의 전달 문제로서 토착화 문제를 제시하였다. 또한 그에 따른 논리적 결과로써 유동식은 한국의 재래 종교들이 어떻게 하나님의 계시를 알 수 있게 하는 수단이 되며, 그것이 어떻게 한국인의 종교 사상을 형성시키는 데 영향을 주었는가를 문제시하였다. 그 결과, 유동식은 한국의 재래 종교는 기독교가 없던 시절에 그리스도의 복음의 빛을 반사했던 위성들이었다고 결론을 도출한다. 유동식이 이러한 결론을 내는 근거는 그리스도 중심의 보편론을 자신의 선교신학의 중심에 위치시키고 있기 때문이다. 그래서 유동식은 한국인들의 종교 문화를 형성시킨 재래 종교가 기독교 전래 전에 한국인을 구원시켰다면, 그것은 복음이 지닌 보편성 때문에 재래 종교의 종교적 용어, 양식, 이해를 통해서 복음의 진리를 받아들이고 살아왔다고 말할 수 있으므로, 이를 통해서 복음 선교의 가능성을 찾을 수 있다[93]고 밝힌다. 이러한 자신의 입장을 구형화시킨 것이 이 시기의 선교신학의 내용이다.

다음으로 한국 무교 연구와 종교 · 우주적 신학의 부분에선 유동식이 1960년대의 문제의식 속에서 해결되지 않은 한국 종교에 대한 새로운 물음을 반영하고 있다. 그는 한국의 종교 문화사 속에 다양한 종교가 점철되어 있음에도 불구하고 단일한 문화적 전통이 유지 발전되어 온

---

93 유동식, 『한국종교와 기독교』, 178-179.

까닭을 물었다. 유동식은 봉착한 이 문제를 해결하기 위해서 가장 오래된 종교 문화적 전통에 관심을 보였는데 그것이 무교 연구로 나타났다. 연구 결과, 그는 무교를 민족 문화 형성의 정신적 뿌리가 되어온 토착 종교 현상 전체를 통괄하는 개념으로 이해했다. 무교 연구 결과, 유동식은 무교의 문화적 창조력에 근거해서 무교 문화론을 제시하는데, 이 부분에서 그는 무교의 내용을 담고 있는 신학 형성을 시도한다. 이것은 서구 전통 신학의 폐해성에 대한 분석으로부터 시작되는데, 그는 이것을 '종교·우주적 신학'이라고 이름 붙인다. 이것을 아시아 및 한국교회가 지난 목회적 과제라고 밝히면서, 유동식은 신학의 내용으로 유기적 자연관, 우주적 역사관, 영적 종교의 세 가지를 제시한다. 이 세 가지를 담아내고 있는 신학의 추구가 유동식에게 과제로 부각되어, 그는 이를 위한 시도에 주력한다.

4장 '풍류신학의 구상과 한국신학사 연구' 부분에선, 유동식이 무교의 연구를 통해서 발견한 무교의 신인융합의 음양복합적 전개 구조에 대한 사상적 결과를 최치원의 명명인 풍류도와 결합시켜 풍류도의 구조를 발견함으로써 생성된 풍류신학을 검토하였다. 유동식의 신학 사상의 결론인 풍류신학은 그가 이미 제시한 종교·우주적 신학의 고유명사이다. 풍류신학은 풍류도의 구조와 전개를 그가 제시한 종교·우주적 신학의 관점에서 신학화한 것이다. 그러므로 풍류신학의 내용인 구조와 전개를 이해함에 있어서 이 관점이 제기된 이유를 상기해야 한다. 풍류신학의 내용이 무엇인가 하는 것을 이해하려고 하기 전에 풍류신학이 제기되는 근거와 이유를 먼저 살펴야 한다. 풍류신학은 아직도 완전하게 신학적 구조물 갖추고 있지 않다. 다만 이것은 한국인들이 성서에 기록된 말씀을 읽을 때 그 시점에 작용하는 한국인의 종교적 사고가 어떻게 작용하고 있는가에 대한 물음을 반영하고 있을 뿐이다.

유동식은 한국 신학 사상에 대한 연구를 자신이 제시하는 풍류신학의 구조와 내용을 발견하고자 하는 전거로 삼고 있음을 알게 되었다. 유동식은 신학사와 교회사 연구를 통해서 풍류신학의 기초 이념인 풍류도가 이미 한국인의 사유 속에 내재된 생득 관념임을 드러내 보여주고자 하는 의도와 목적으로 역사 서술에 관심을 기울이고 있는 것이다. 그 대표적 예가 『한국신학의 광맥』이다. 유동식은 한국 신학사상사의 흐름을 풍류도의 세 구조를 따라 유형화시켜 서술하고 있는 것이다.

유동식의 신학 사상 속엔 그 자신이 젊은 시절에 지녔던 물음이 내재해 있다. "기독교의 로고스와 동양 종교의 도가 어떻게 창조적으로 만나느냐" 하는 물음이다. 이 물음에 대한 추구가 그의 신학 형성의 전 과정 속에 반영되어 있는 것이다. 또한 그 물음에 대한 자신의 답변은 그의 신학 사상의 내용물로 구성되어 있는 것이다. 그런데 최근 유동식은 그러한 물음의 답으로 제시된 풍류신학으로 이제 다시 역사 속에 물음을 던지고 있다. 풍류도의 사유가 어떻게 한국인의 종교 문화 속에 담겨 있는가 하는 물음에 대한 탐구로 유동식은 교회사 저술에 몰두하고 있는 것이다. 풍류신학으로 열린 유동식 신학 사상의 서막은 향후 역사 서술을 속에 담긴 역사철학으로 제2막을 열게 될 것인지 지켜보아야 할 것이다.

풍류신학은 우리에게 신학의 고유한 지평을 확장케 해주었다. 타종교 와의 대화에서 쉽게 이야기할 수 있는 근거를 만들어 놓았다. 유동식의 해석학적 사유에서 얻을 수 있는 통찰들과 포괄적인 다원성의 신학은 종교적으로 다원화된 한국 상황에서 기독교 신앙이 지닌 배타성을 넘어서서 열린 마음으로 다른 역사를 가진 종교들과 대화하게 한다. 이를 위해서 유동식은 '종교의 신학'을 1990년대 신학의 과제로 제시한다. 이에 관해 유동식은 다음과 같이 밝힌다.

> 종교적 다원사회에서 기독교가 선교적 사명을 다하기 위해서는 단순히 다른 종교를 이해하는 것으로서 족한 것이 아니다. 한 걸음 더 나아가서는 기독교 복음의 입장에서 다른 종교들이 지닌 의미를 이해하고 그 가치를 판단하는 이른바 종교의 신학이 요청되는 것이다.[94]

---

94 유동식, "한국종교와 신학적과제," 한국기독교학회편, 『종교다원주의와 신학적 과제』 (서울: 대한기독교서회, 1990), 13.

참고문헌

I. 1차 문헌: 유동식 교수의 논저

1. 유동식 저서 및 역서

유동식. 『재일본한국기독교청년회사』. 동경: 재일본 한국YMCA, 1990.

_____. 『풍류신학으로의 여로』. 서울: 전망사, 1988.

_____. 『하와이의 한인과 교회』. 하와이: 그리스도연합감리교회, 1988.

_____. 『한국신학의 광맥 ― 한국신학사상사 서설』. 서울: 전망사, 1982.

_____. 『도와 로고스 ― 선교와 한국신학의 과제』. 서울: 대한기독교출판사, 1978.

_____. 『산화가』 (수상집). 서울: 정우사, 1978.

_____. 『민속종교와 한국문화』. 서울: 현대사상사, 1977.

_____. 『예수, 바울, 요한』. 서울: 대한기독교서회, 1975.

_____. 『한국무교의 역사와 구조』. 서울: 연세대출판부, 1975.

_____. 『韓国の宗教とキリスト教』. 東京: 洋洋社, 1975.

_____. 『朝鮮のシャーマニズム』. 東京: 學生社, 1975.

_____. 『한국종교와 기독교』. 서울: 대한기독교서회, 1965.

_____. 『평신도 신학』. H. 크레머 지음, 서울: 대한기독교서회, 1963.

_____. 『신약주석: 요한서신 ― 선교70주년기념 신약성서주석』. 서울: 대한기독교서회, 1962.

_____. 『그리스도인의 본질과 사명』. 서울: 기독교대한감리회 총리원 교육국, 1961.

_____. 『예수의 근본문제』. 서울: 심우원, 1954.

_____. 『택함받은 나그네들에게』. 전주: 동일출판사, 1952.

R. 볼트만/유종식 역. 『성서의 실존론적 이해』. 서울: 대한기독교서회, 1969.

2. 논문

유동식. "<서평> R. 볼트만 볼 역사와 종말론." 「기독교사상」 1958. 1.

_____. "복음전달에 있어서의 문제점에 대하여." 「기독교사상」 1958. 12.

_____. "도와 로고스—복음의 동양적 이해를 위한 소고." 「기독교사상」 1959. 3.

_____. "비신화론의 개요." 『현대사상강좌』 제5권. 서울: 박문사, 1960.

_____. "요한복음에서 본 신앙의 본질." 「기독교사상」 1961. 1.

_____. "볼트만의 신앙론." 「기독교사상」 1961. 5.

_____. "평신도론." 「기독교사상」 1961. 11.

_____. "복음과 재래종교와의 대화문제." 「기독교사상」 1962. 7.

_____. "복음의 토착화와 한국에 있어서의 선교적 과제." 「감신학보」 창립57주년 기념호, 서울: 감리교신학대학, 1962.

_____. "기독교의 토착화에 대한 이해." 「기독교사상」 1963. 4.

_____. "내가 만난 신학자들." 「기독교사상」 1964. 5.

_____. "새로운 자세를 찾는 서구교회." 「기독교사상」 1964. 7.

_____. "한국교회가 지닌 비종교화의 과제." 「기독교사상」 1965. 2.

_____. "신흥 종교가 제시하는 문제점." 「기독교사상」 1965. 10.

_____. "한국 교회와 타종교 — 대화를 중심으로." 「기독교사상」 1966. 8.

_____. "신의 죽음의 신학이 의미하는 것." 「기독교사상」 1967. 1-2.

_____. "이용도 목사와 그의 주변." 「기독교사상」 1967. 7.

_____. "복음의 세속성." 「기독교사상」 1967. 12.

_____. "Chondo-Kyo: Korea's only Indigenous Religion." *Japanese Religion* Vol.5, No.1 (1967).

_____. "한국 신학의 광맥." 「기독교사상」 1968. 1-11.

_____. "한국 신학의 어제와 내일." 「기독교사상」 1968. 12.

_____. "복음과 코뮤니케이션." 「현대와 신학」 제5집 (1969. 5.)

_____. "70년대 한국 신학의 과제." 「기독교사상」 1969. 11.

_____. "제4의 종교와 기독교." 「기독교사상」 1970. 5.

_____. "한국 종교의 어제와 내일." 「미래를 묻는다」 제1권. 서울: 한국미래학회,

1970.

_____. "Some Problems Raised by the Newly Rising Religions in Korea." *Korean Religions* Vol.2, No.1 (1970).

_____. "한국 문화의 종교적 기반." 「현대와 신학」 제6집 (1970).

_____. "제3세계와 제3 T.E.F. ― 우간다회의의 의미." 「기독교사상」 (1971. 5).

_____. "급변하는 사회 속에서의 한국종교." 「기독교사상」 (1971. 9).

_____. "한국인의 사생관." 「기독교사상」 (1972. 4).

_____. "한국종교의 연구의 경향." 「기독교사상」 (1972. 11).

_____. "신화와 의례에서 본 고대한국인의 신앙형태." 「한국종교학」 제1집 (1972).

_____. "Religion and Changing Society of Korea." *East Asian Cultural Studies* Vol.11, Nos.1-4 (1972).

_____. "New Religion seen from the Point of View of the Mission of the Church in Korea." *New Religions of the East Asia*, Tokyo: E.A.C.C., 1972.

_____. "한국 무교의 연구." 「신학사상」 제2집. 서울: 한국신학연구소, 1973.

_____. "The World of KUT and Korean Optimism." *Korean Journal* Vol. 13, No.8 (1973).

_____. "추석과 복음 한국문화와 토착화문제." 「사목」 36집 (1974. 11).

_____. "한국의 신학세대론." 「김정준박사 회갑기념 논문집」. 서울: 한국신학대학출판부, 1974.

_____. "불교사찰의 삼성각과 삼신신앙에 대하여." 「문화인류학」 6집 (1974).

_____. "민속 종교에 나타난 세계관." 「기독교사상」 (1975. 7).

_____. "무교, 샤아머니즘적 세계관의 문제." 「한국사상」 13집 (1975).

_____. "토착종교와 신비주의." 『한국인의 사상구조』. 서울: 크리스찬아카데미, 1975.

_____. "기술문명과 한국인의 의식구조." 『위기시대를 사는 쟁점』. 서울: 크리스찬아카데미, 1975.

_____. "교회주변의 샤아머니즘." 『한국문화의 상황분석』. 서울: 크리스찬아카데미, 1975.

_____. "불안시대의 표징 — 신흥종교 연구의 의의."『구원의 철학과 현대종교』. 서울: 크리스챤아카데미, 1975.

_____. "한국의 토착신앙과 민중의 불교 수용형태."「연세논총」12집 (1975).

_____. "새로운 공동체의 모색."「기독교사상」(1975. 11).

_____. "가람구조 및 불화를 통해 본 한일 불교 수용형태의 비교 연구."「신학사상」 14집 (1976).

_____. "예술적 차원에서 본 한국인의 슬기."『대학국어』. 서울: 이화여대 출판부, 1976.

_____. "Rough Road to Thelogical Maturity." G.H. Anderson (ed.). *Asian Voices in Christian Theology*. New York: Orbis Books, 1976.

_____. "토속신앙에 나타난 북의 이해."「기독교사상」(1977. 1.).

_____. "현대문명의 도전과 한국신학의 과제."「기독교사상」(1977. 5).

_____. "土着信仰と宗教受容: 韓国と日本における佛教受容形態の比較."「朝鮮學報」(1977).

_____. "韓國の宗教現象における愛化と傳統."「アジア文化研究」9輯 (1977).

_____. "탁사 최병헌과 그의 사상."「동방학지」19집 (1978).

_____. "Man in Nature: An Organic View." E. P. Nakpil & D. J. Elwood (ed.). *The Human and the Holy: Asian perspectives in Christian Theology*, Phillippines: New Day Publishers, 1978.

_____. "교우 도장으로서의 대학."『대학의 뜻』. 서울: 연세대 출판부, 1979.

_____. "한국교회의 토착화 유형과 신학."「신학논단」14집 (1980. 7.)

_____. "한국 교회와 성령운동."『한국교회 성령운동의 현상과 구조 — 순복음 중앙 교회를 중심으로』. 서울: 대화출판사, 1981.

_____. "在外韓人の同化問題とその文化史的意義."「アジア文化研究」13輯 (1981).

_____. "Religion and Socio-cultural Transformation in Korea Today." *Asia Cultural Studies* Vol. 12 (1981).

_____. "한국 기독교 사상은 존재하는가 — 수용 1세기 그 탐구와 쟁점."「월간조선」

1982. 6).

_____. "한국무교의 종교적 특성 ― 외래종교와의 교섭관계를 중심으로."『한국 무속의 종합적 고찰』. 서울: 고대민족문화연구소, 1982.

_____. "1970년대 한국신학 ― 신학사상을 중심으로."「신학사상」 36집 (1982).

_____. "죽음에 대한 한국인의 이해."『대학국어』. 서울: 연세대 출판부, 1982.

_____. "한국의 문화와 신학사상-풍류신학의 의미."「신학사상」 47집 (1984).

_____. "SHAMANISM: The Dominant Folk Religion of Korea." INTER-RELIGIO Vol. 5 (1984).

_____. "루돌프 볼트만, 신약성서와 신화론."『기독교 명저 60선』. 서울: 종로서적, 1985.

_____. "종교와 한국."『성서와 기독교』. 서울: 연세대 출판부, 1985.

_____. "한국 기독교(1885-1989)의 타종교에 대한 이해."「연세논총」 100주년 기념호 (1985).

_____. "오늘의 선교적 상황과 타종교 이해."『한국 교회와 신학의 과제』. 서울: 연세대출판부, 1985.

_____. "Culture and Thelogy in Korean: The P'ung-Ryu Theology." East Asia Journal of Theology (1985).

_____. "한국인의 신앙전통 그 구조와 문화 ― 우주적 관점에서."「연세대 박물관 제7회 기획전시기념 교양강좌」 (1986).

_____. "민속학과 종교학."『한국민속학의 과제와 방법』. 서울: 정음사, 1986.

_____. "한국종교와 신학적 과제."『종교다원주의와 신학적 과제』. 서울: 대한기독교서회, 1990.

_____. "한국인의 영성과 종교."「계간 사상」 2권 2호 (1990).

_____. "한국 감리교회의 어제한 신학적 조명."「기독교세계」 통권 750호 (1990. 12).

II. 2차 문헌

1. 단행본

기독교사상 편집부 편.『한국의 신학사상』. 서울: 대한기독교서회, 1984.

김광식.『토착화와 해석학』. 서울: 대한기독교출판사, 1987.

김성환 편.『1960년대』. 서울: 기획출판 거름, 1984.

김진환.『한국교회부흥운동사』. 서울: 크리스찬 비전사, 1976.

박종천.『상생의 신학』. 서울: 한국신학연구소, 1991.

이광규.『레비-스트로스』. 서울: 대한기독교서회, 1973.

일언/신호열 역.『삼국사기』. 서울: 동서문화사, 1976.

전택부.『한국교회발전사』. 서울: 대한기독교출판사, 1987.

편집부 편.『현대의 신학자 20인』. 서울: 대한기독교서회, 1983.

택정언.『일본기독교회사』. 서울: 대한기독교서회, 1979.

Bleicher, Josef/이한우 역.『해석학적 상상력』. 서울: 문예출판사, 1989.

Coreth, E./신귀현 역.『해석학』. 서울: 종로서적, 1985.

Coward, H./한국종교연구회 역.『종교다원주의와 세계종교』. 서울: 서광사, 1990.

Eliade, M./문상희 역,『샤마니즘』. 서울: 삼성출판사, 1982.

Fritz Buri/변선환 역.『현대 미국신학』. 서울: 전망사, 1988.

Hick, J./이근홍 역.『기독교 신앙의 중심』. 서울: 전망사, 1983.

Knitter, Paul./변선환 역.『오직 예수 이름으로만』. 서울: 한국신학연구소, 1987.

Levi-Strauss/김진욱 역.『구조인류학』. 서울: 종로서적, 1983.

Hick, John. *God Has Many Names*. London: Macmillan, 1980.

_____. Hebblethwaite, Brian ed. *Christianity and Other Religions*. Philadelphia: Fortress Press, 1980.

Kitagawa, Josehp. M. ed. *The History of Religions Essays on the Problems of Understanding*. Chicago: The University of Chicago Press, 1974.

2. 논문, 기타

김광식. "토착화신학의 해석학적 국면에 대한 연구."「성곡논총」16집 (1985).

_____. "신학의 변형과 동양신학의 제문제."「기독교사상」(1971. 6).

김중은. "성서해석에서 본 토착화신학."「기독교사상」(1991. 6).

박봉랑. "기독교 토착화와 단군신화."「사상계」(1963. 7).

박아론. "한국적 신학에 대한 이론(異論)."「기독교사상」(1973. 8).

박종천. "토착화신학의 모형변화."「기독교사상」(1990. 1).

변선환. "동양종교의 부흥과 토착화신학."「기독교사상」(1985. 5).

서남동. "1960년대의 신학."「기독교사상」(1969. 12).

_____. "그리스도적 무신론."「기독교사상」(1965. 11).

_____. "사회-정치적 현실의 통합이 풍류신학의 과제."「교회와 세계」29집 (1984 봄).

서영대. "한국 원시 종교사 소고 — 삼국유사에 입각한 연구 성과들을 중심으로."「한국학보」30집 (1983).

심일섭. "한국신학형성사서설" 上.「기독교사상」(1972. 11).

_____. "한국신학형성사서설" 中.「기독교사상」(1972. 12).

_____. "한국신학형성사서설" 下.「기독교사상」(1973. 5).

안동호. "한국기독교의 무교화 현상에 대한 일고 — 유동식교수의 연구를 중심으로." 석사학위논문 감리교신학대학 신학대학원, 1982.

윤성범. "환인 환웅 환검은 곧 하나님이다."「사상계」(1963. 5).

이규호. "토착화론의 철학적 근거."「기독교사상」(1963. 10).

이장식. "기독교 토착화는 역사적 과업."「기독교사상」(1963. 6).

이필영. "북아시아 샤마니즘과 한국무교의 비교연구 종교사상을 중심으로." 석사학위논문 연세대학교 대학원, 1978.

장일조. "그리스도교의 고유한 지평."「기독교사상」(1968. 3).

전경연. "계시의 인식과 해석학."「기독교사상」(1964. 1).

_____. "기독교 문화는 토착화할 수 있는가."「신세계」(1963. 3).

_____. "기독교 역사를 무시한 토착화이론은 원시화를 의미."「기독교사상」(1963. 5).

_____. "성서의 인간학적 전제와 그 한계." 「기독교사상」 (1964. 3).

정하은. "신학의 토착화 기점." 「기독교사상」 (1963. 7).

정현경. "오소서, 성령이여, 만물을 새롭게 하소서." 「기독교사상」 (1991. 4).

한승홍. "초혼신학에 대한 종교학적 이해 — 정현경 교수의 신학과 사상을 중심으로." 「목회와 신학」 (1991. 5).

한철하. "비판적 입장과 토착화 문제." 「신학지남」 (1963. 12).

_____. "토착화 문제를 둘러싼 사상적 제 혼란." 「신학지남」 (1963. 9).

_____. "한국교회의 신학적 과제." 「기독교사상」 (1968. 1).

한태동. "사고의 유형과 토착문제." 「기독교사상」 (1963. 7).

허혁. "볼트만의 인간." 「기독교사상」 (1964. 2).

홍현설. "전국복음화운동의 윤곽." 「기독교사상」 (1965. 2).

_____. "토착화론의 가능면과 불가능면." 「기독교사상」 (1963. 8·9 합본).

Kang, Sung Kie. "A Study of Understanding and Comparing of Biblical View of Trinity from Orientalism." D.Min. dissertation, California: The California Graduate School of Theology, 1989.

Niles, D.T.. "성경연구와 토착화문제." 「기독교사상」 (1962. 10).

Park, Andrew Sung. "MinJung and Pung Ryu Theologies in Contemporary Korea: A Critical and Comparative Examination." Ph.D. dissertation, California: Berkeley University, 1985.

부 록

부록 1
기독교 선교 초기의 타 종교와의 관계에 대한 한 연구
― 인천지역의 감리교회 선교를 중심으로

부록 2
"선생님, 26년만에 이제 찾아뵈어 정말 죄송합니다"

기독교 선교 초기의 타종교와의 관계에 대한 한 연구
— 인천 지역의 감리교회 선교를 중심으로

　　본격적으로 선교사들이 입국하는 등 기독교가 전파될 시점인 1885년을 전후하여 한국 사회에는 유교와 불교, 샤머니즘, 동학 계열의 신흥 종교 등이 혼재된 종교 형태를 보여주고 있었다. 기독교를 전파해야 하는 선교사들로서는 한국 사회 내의 기존의 종교들과 대면할 수밖에 없었다. 이런 상황에서 선교사들은 기독교를 전파하기 위해 기존의 종교와 어떤 관계를 설정했는가 하는 것은 중요한 문제가 아닐 수 없다. 기독교가 전파되는 과정에서 기존의 유교와 샤머니즘에 대해 어떤 태도를 갖고 어떻게 대처했는지 살펴보고자 한다. 그리고 그것이 기독교 선교에 어떤 영향을 미쳤는지 따져보고자 한다.

　　인천과 경기도, 충청 일부 지역을 선교 관할 지역으로 활동하던 존스 선교사는 한국 사회 내에서 오랜 전통을 가진 유교를 개인의 신앙과 관련된 종교로서보다는 왕실과 지배계층에 의해 수행되는 국가 제의(the state cult)로서, 왕실과 지배계층의 종교로서 사회 질서의 근간이 되는 것으로 보았다. 또한 유교로 인해 상장례를 지내야 하는 등 많은 비용이 들며, 기독교가 전파될 무렵에는 불교와 유교는 쇠퇴하고 있었으며, 샤머니즘만이 유일하게 힘을 발휘하고 있다[1]고 지적한 바 있다.

I. 한국 사회의 유교적 변환과 그 유교 사회의 기독교적 변환 문제

오늘날 한국 사회의 생활 제도와 윤리를 검토한다면, 대개가 유교적인 형식과 관념으로 되어 있다는 것을 발견할 수 있다. 유교는 육경(詩, 書, 禮, 樂, 易, 春秋)을 기초로 하여 인의의 도를 가르치는 공자(孔子, BC 551~479)로부터 유래한 종교다. 육경 중 공자가 실제로 인용한 경전은 『시경』과 『서경』이었다. 『시경』은 고대의 민요를 모은 책이며, 『서경』은 고대 제왕 성현들의 훈계를 모은 책이다. 공자는 그의 언행록인 『논어』(論語)에서 경전의 기본 정신이 인(仁)에 있음을 말하였고, 인의 근본이 효라는 것을 가르치기 위해 『효경』을 썼다.

---

1 George Herber Jones, "the Korea Mission of The Methodist Episcopal Church," *The Board of Foreign Missions of The Methodist Episcopal Church* (1910), 18-20.

이후 한당(漢唐)의 유교는 공자의 방식에 따라 경전의 문자를 해석하는 데 치중하게 되었다. 이를 훈고학이라고 한다. 송명(宋明) 대에 들어서는 유교의 근본적인 정신으로 돌아가자는 신유학 운동이 일어나게 되었는데, 이 운동의 결과로 발생한 것이 성리학(性理學)이다. 이는 훈고학과는 달리, 『논어』, 『맹자』, 『중용』, 『대학』의 사서를 중심으로 하여, 수신제가치국평천하(修身齊家治國平天下)의 도리를 말하고, 수신의 방법으로 격물치지(格物致知)를 삼았다. 수신의 목표는 물론 평천하였으며, 이후 주희(朱熹, 1130~1200)에 의해 성리학이라는 유학의 이론화가 시도되었다. 중국의 영향권 내에 있던 조선의 유학은 주자학을 계승 발전시켰다.

공자는 군자 지배체제의 안정을 위하여 우선적으로 주나라의 예(周禮)를 객관적으로 타당한 사회 질서로 확정했으며, 그다음에 군자 통치에 대한 백성의 신뢰를 바로 그 통치 자체를 가능하게 하는 중요한 조건으로 보았다. 공자는 백성의 신뢰 획득과 군자의 도덕적 수양에 기초한 덕치를 강조하였는데, 이는 본질적으로 통치자와 백성 사이의 충돌을 완화하는 데 그 목적이 있었다. 이 이념은 맹자(孟子, BC 390~305)와 순자(荀子, BC 340~245)에 의해 더욱 발전했다. 맹자와 순자는 공자의 두 가지 요청, 즉 객관적으로 타당한 통치 질서로서의 '예'와 통치의 전제로서의 '윤리와 도덕'을 더욱 발전시켰다.[2]

공자의 이러한 이념은 인을 바탕으로 한 정명론(正名論)에서 구체화되

---

2 송영배, 『중국사회사상사』 (서울: 한길사, 1988), 64.

었는데, 이는 본래 주나라의 봉건 지배체제 내에서 그 지배의 확립을 위해 신분의 차이에 따라 다양하게 확립되었던 명칭이나 직분 명이 사회적 변화 과정에서 사회 질서의 보존에 기여했던 본래의 기능을 상실한 것에 대한 공자 자신의 개탄에서 드러난다.3 공자에게 있어서는 이름에 맞는 사회 질서의 확립이 우선시되었던 것이다. 사회 질서의 확립이란, 곧 제후나 대부 등과 같은 통치자들은 예에 적합한 올바른 사람이 되고, 백성은 모두 법과 질서를 따르는 것을 의미한다. 공자는 이름이 바로 서기 위해서는 그 본질에 알맞아야 한다고 말했다.4 공자가 사회 질서 확립, 곧 통치 질서 유지를 위해 제시했던 정명론은 공자의 다음 설명에서 제대로 이해될 수 있다.

"제나라 경공이 공자에게 정치에 관해서 물었다. 공자가 대답했다. 임금은 임금다워야 하고 신하는 신하다워야 하며, 어버이는 어버이다워야 하고 자식은 자식다워야 한다."5

이러한 유학이 조선에 들어와 조선 초기에는 실천 유학으로서 통치 기반을 형성하기 위한 것으로 사용되었으며, 중엽에 이르러서는 주자의 주리론을 바탕으로 한 성리학이 연구되었다. 조선에 있어서도 중국의

---

3 『논어』, 「雍也」, "子曰, 觚不觚 觚哉 觚哉."
4 송영배, 앞의 책, 78.
5 『논어』, 「顏淵」, "齊景公 問 政於孔子, 孔子 對曰, 君君 臣臣 父父 子子."

경우와 마찬가지로 유학은 통치 기반을 형성하기 위한 이념으로써 제공되었다. 이 과정에서 공자의 정명론은 그대로 답습되었다.

그런데 조선에 있어서의 유학, 즉 조선 중기 이후의 성리학은 관혼상제 예를 바탕으로 가족 집단에 대한 결속의 결과로 중시된 가족주의를 탄생시켰다. 또한 종법(宗法) 제도에 따른 제사와 상장례는 친족의 관계에 안정된 질서와 유대를 확립해 주었다.

이에 대해 마르티나 도이힐러는 "매우 분명한 사실은 조선 후기의 두드러진 특징인 부계 친족 조직이 신유학을 신봉한 입법자들에 의하여 조선 왕조가 출발하면서 태동하기 시작한 심오하면서도 지속적인 변환의 산물이라는 사실"이라고 강조하는 한편, "이러한 변환은 17세기에 장자 우대 불균형 상속제도와 더불어 절정에 달하였는데, 이것은 중국의 유학자들과는 대조를 이루는 한국의 유학자들이 한국 사회의 유교화에 초석을 다지는 행동이었다"고 지적하고 있다.[6]

이러한 예를 바탕으로 한 유교가 한국 사회에 끼친 영향 가운데 하나는 가족주의(또는 가족중심주의)라고 말할 수 있다. 여기에서 말하는 가(家)는 한 집만이 아니라 집안, 문벌로까지 연장되는 것으로써 그 기본 구조는 공자의 정명론인 군신의 관계이다. 이 기본 구조가 부자의 관계로까지 이해된 것이다. 주종의 관계로 파악되는 군신 관계는 하위자에게 상위자에 대한 일방적인 의무만이 부과되는 것으로써 이를 충(忠)이라고 했고, 가족

---

6 마르티나 도이힐러/이훈상, 『한국 사회의 유교적 변환』 (서울: 아카넷, 2005), 414-415.

구조 속에서는 효(孝)로 이해되었다.

이러한 가족주의의 특징 가운데 하나는 부자에서 부가 남성을 대표하는 것으로서 여자에 대한 극심한 차별이 나타난 것이다. 소위 남존여비라는 말에서도 잘 드러나는 성차별의 윤리는 여자가 평생을 한 남자에게 전적으로 의탁하여 모든 고통을 운명으로 받아들이고 남편의 충실한 예속자가 되는 것을 모범으로 삼게 하였다. 이른바 현모양처가 그것이다. 가부장과 남성 중심의 '가족주의'는 사회관계로 확대되어 '가족'이라는 관념이 사회의 모든 집단을 집으로 인식하며, 그 집단 성원의 행동양식에도 가족에 있어서의 인간관계와 동일하게 이뤄지기를 바라게 된다.[7] 즉, 사회에서나 가족 외의 조직에서도 그 집단의 최고 권위자에게 순종하고 복종하며 의지하려는 성향이 몸에 배게 되는 것이다.

이렇게 확대된 가족주의가 종교에도 적용되면 신은 절대자로 상정되고, 인간은 순종의 의무만 지닌 존재가 된다. 한국인의 종교적 심성 가운데 가장 특징적인 것으로 드러나는 의타심에 있어서도 이것은 신과 인간이 인격적으로 맺은 관계에서의 합일이 아닌 인간이 신에게 비인격적 관계로까지 귀의하려는 의존성과 의타성을 갖게 된다. 유교의 가족주의는 한국인의 종교 심성 형성에 있어서 '절대적 의존성'을 심화시켰다.

---

7 최재석, 『한국인의 사회적 성격』 (서울: 개문사, 1983), 46-48.

1. 기독교회의 축첩제 타파

1885년 개신교가 전래된 이후 초기 선교 과정에서 나타난 유교적 가족주의의 부정적 요소에 대한 타파는 기독교 선교에 있어서 긍정적인 요인으로 작용하게 되었다. 차별받는 여성에 대한 선교적 배려는 예수 그리스도의 사랑을 깨닫게 되는 계기가 되었으며, 초기 선교가 여성들에 의해 가속화되었던 배경에 대한 원인도 될 수 있다. 성리학으로 대별되는 유학과 그것을 바탕으로 형성된 유교에 의한 예속적 관계의 가족주의의 부정적 요소가 선교에 있어서 긍정적인 요인으로 제공되었던 것이다. 또한 가족주의가 지니고 있는 '절대 의존성'은 기독교 복음과 선교사 혹은 목사에 대한 절대적 의존과 의지를 가능하게 하는 데 충분한 것이었다.

성종 때(1485년)『경국대전』이 만들어지면서 합법화된 축첩제[8]를 510년 만에 개신교회가 타파하는 과정을 보면, 이 같은 판단을 확인할 수 있다. 인천과 강화 지역의 선교 책임자로 활동하고 있던 감리교회의 존스 (G.H Jones) 선교사는 공식적으로 교회에서 축첩자를 몰아내고, 축첩 자체를 타파하는 데 앞장섰다.

1895년 8월 28일부터 9월 3일까지 서울 배재학당에서 열린 한국 선교 10주년을 기념하는 '제11차 한국선교회'에서 존스는 제물포 지방에서 일전에 한 남성이 학습인(세례를 받기 전 교육을 받고 있는 상태의 신자를 말함)으로

---

8 김두헌, 『한국가족제도연구』(서울: 서울대학교출판부, 1994), 479; 마르티나 도이힐러, 앞의 책, 327.

교회 예배에 참석했는데, 나중에 알고 보니 그가 첩을 거느리고 있음을 발견하게 되었고, 그래서 즉시 그를 교회에서 제명시키는 한편, 그가 첩을 포기하기 전까지는 교회에 입교시키지 않기로 했는데, 이 같은 자기의 결정이 옳은 것이었는지에 관한 판단을 내려줄 것을 제안하면서, 아울러 교인 양육에 관한 심도 있는 논의가 있어야 한다는 의견을 제시하였다. 존스의 이러한 제안에 대해 장시간의 토론이 이어졌고 선교사들과 한국인 교인들은 이론의 여지없이 존스의 결정은 옳은 것이었으며, 아울러 축첩과 관련된 인사들에 대해서는 남녀를 불문하고 미감리회에 회원을 들어오게 하거나 머물게 할 수 없다는 공고한 결정을 내린 바 있다.[9]

존스의 제안에 의해 심도 있게 논의된 교인들의 축첩 문제는 사실 선교 초기부터 문제가 되어 왔던 것이었다.[10] 선교 10년이 되면서 존스의 이러한 엄격한 판단에 의거한 제11차 한국선교회에서의 공고한 결정이 기존의 한국 사회에 만연해 있던 유교를 바탕으로 한 남성 중심의 사회구조의 와해와 더불어, 그 속에서 학대받을 수밖에 없었던 여성들의 인권 고양을 위한 양날의 칼로 작용하였음은 물론이다. 더욱이 기독교의 전파가 그러한 의식의 고양을 강화했음은 물론이고, 사회적으로 동조하는 분위기를 만들게 했다.

이 점에 대해 「독립신문」은 다음과 같이 교육을 통한 여성들의 인권

---

9 "The Annual Meeting of the Methodist Mission," *The Korean Repository* (이하 *TKR*) (1895. 9.), 357.

10 W. L. Swallen, "poligamy and the church," *TKR* (1895. 7.), 289-294.

확보를 시대 요청으로 삼고 있었다. 유교 사회에 대한 기독교 영향력의 확대는 궁극적으로 유교 사회의 기존 질서의 붕괴를 유도했다고 판단할 수 있다.

"무리한 사내들이 풍속 만들기를, 저희는 음행하며 장가든 후 첩을 두어도 부끄럼이 없고… 조선 부인네들도 차차 학문이 높아지고 지식이 넓어지면, 부인의 권리가 사내의 권리와 같은 줄을 알고 무리한 사내들을 제어하는 방법을 알리라. 그렇게 우리는 부인네들께 권하노니, 아무쪼록 학문을 높이 배워 사내들보다 행실도 더 높고, 지식도 더 넓혀 부인의 권리를 찾고, 어리석고 무리한 사내들을 교육하기를 바라노라."[11]

2. 효를 바탕으로 한 가족 복음화

다음으로 유교의 가족 중심의 사고는 자기만 복음을 받아들여야 한다는 생각을 없애고, 자기로 인해 가족 전체가 구원을 받아야 한다는 가족 복음화, 즉 인가귀주(認家歸主)에 대한 열망을 불러일으켰으며, 가족 전체를 개종시키는 원동력으로 작용했다. 가족 복음화의 이유는 물론 효 때문이었다.

감리교회의 잡지인 「대한크리스도인의회보」에 따르면 인천 담방리

---

11 「독립신문」 1896. 4. 21., 1.

교회(現 만수감리교회)의 이학구라는 교인의 예수를 믿고 변화된 삶의 한 단면을 보도하고 있는데, 이를 통해 기독교 선교 초기에 있어 전통적인 유교 사회를 어떻게 변환시키는지 엿볼 수 있다. 이는 유교 가족주의의 근간인 효가 기독교를 통해 어떻게 기독교적 가치로 변환되고 있음을 극명하게 보여준다.

> "인천 담방리 교우 리학구 씨는 양친 시하인데, 부모의 춘추가 다 칠십여 세라. 학구 씨가 구주를 믿은 후로 생각하되, '주의 신도는 조상의 제사를 지내지 아니하나니, 부모 생시에 정성으로 봉양하는 것이 옳다' 하여, 부모의 뜻을 승순할 뿐 아니라 명일과 생일 때에 여러 가지 음식을 장만하여 특별히 부모께 드리니, 그 부모는 기쁜 마음으로 받고 친구들은 말하되, '이 씨가 그 부모께 산 제사를 지낸다' 하더라."[12]

마르티나 도이힐러에 따르면, 유교에 있어서 제사는 유교 사회 확립을 위한 가장 중요한 첫걸음이며, 종법을 사회 기반으로 이식하여 출계 집단 안에 부계친 의식을 활성화하는 것이었다.[13] 그런데 그것을 리학구는 효를 바탕으로 기독교적으로 재해석하여, 즉 거부감없이 '산 제사'라고 변환시키고 있고 있는 것이다.

이렇듯 유교의 가족주의가 지닌 부정적인 요소를 타파하는 것은 물론

---

12 「대한크리스도인회보」 1900. 5. 23., 2.
13 마르티나 도이힐러, 앞의 책, 187.

유교의 가족주의가 갖고 있는 긍정적 요소는 적극적으로 변환시켜 기독교 선교에 유리하게 재해석하였다. 그러나 한편으론 유교의 가족주의가 갖는 요소인 서열화된 위계질서가 일정 시간이 지난 후 교회 안의 위계질서, 즉 목사-장로-권사-집사-평신도로 이어지는 위계질서를 형성하게 하였고, 서열에 대한 절대 의존은 절대자에 대한 의존성을 심화시켜 기독교를 구복적 종교로 전락시키는 위험성을 내포하고 있었다. 이 모두가 유교 사회의 기독교적 변환의 결과라고 할 수 있다. 이 점에 있어서 도이힐러의 가설과 검증과 그에 따른 주장은 성리학에 근거한 유교뿐만 아니라 유교 사회를 변환시키는 동력으로서의 기독교에서도 여전히 유효하다고 판단한다.

"결론적으로 말하면 한국 사회는 설득력이 강한 이데올로기인 유교사상에서 깊은 영향을 받았음에도 불구하고 완전히 '유교 사회'가 되지 않았던 것이다. 즉 중국 고대의 사회 구조를 모범으로 삼아 조선 전기부터 부계에 기초한 종족 문화가 차츰 발전하기 시작했지만, 유교화 이전의 특징이 그대로 잔존해 있었던 것이다. 그 특징 가운데 가장 중요한 것의 하나는 엘리트의 신분이 조선시대에도 계속 양계적인 조건으로 결정되었다는 것이다. 다시 말해, 출계는 부계뿐만 아니라 모계를 통해서도 좌우되었다는 것이다. 그래서 조선시대에는 중국과 달리 고려 사회의 특징이었던 양계적인 개념이 그대로 지속되었다. 그 결과로 적서의 구별은 중국보다 더 엄격했다는 것이다…"

고려 시대에는 자녀 균분 상속으로 경제적인 독립을 누리던 여성들이 조선시대에 와서는 상속권을 상실함으로써, 경제적으로 남편에게 종속되는 결과를 낳게 된 것이다. 여성의 권위 상실은 가족제도에 깊은 영향을 미쳤을 뿐만 아니라 신분제도에도 주목할 만한 변화를 일으켰다.14

성리학에 의해 유교화가 되면서 유교에 의해 상실된 여성의 권위, 그에 따른 가족제도와 신분제도의 변화를 동반한 500여 년의 유교 사회에 기독교가 전래되면서, 기독교의 가치를 전파하는 과정에서 상실된 여성의 권위를 회복함으로써, 앞의 사례와 같이 기독교는 선교를 위한 동력을 확보할 수 있었고, 유교 사회를 기독교 사회로 변환시키는 발판을 만들게 했다고 판단한다.

II. 샤머니즘과 불교에 대한 적대감과 우상 타파

존스 선교사가 유교나 불교와 달리 활력을 갖고 유지되고 있다고 판단한 샤머니즘에 대해선, 상당한 적대감을 갖고 타파해야 할 대상으로 설정한 것으로 보인다.

1897년 5월 1일자 「독립신문」은 "인천항 남촌 백성들이 돈 사천 냥을 거두어 광대 십여 명과 무녀 십여 명을 불러 사월 십구일 당굿을 하는데,

---

14 마르티나 도이힐러, 앞의 책, 461-462.

매호에 출렴이 적지 아니하였다"고 보도하면서, '민폐를 끼치는 당굿을 엄금해야 한다[15]고 주장한 바 있다. 이어 같은 해 6월 5일자 속보는 다음과 같이 "당굿 출렴에 응하지 않은 기독교인들이 핍박을 받고 있다"는 내용을 싣고 있는데, 이는 동 지역에 기독교가 전파되면서 야기된 갈등으로 보인다.

"인천항에서는 무녀들이 낭자히 굿도 하고 기도도 하며, 소경들이 무란히 경도 일고 귀신도 받들고 하여도 관인들이 모르는 체하고, 짐짓 금단하지 아니하니까, 어리석은 백성들이 무당과 판수에게 은근히 속아 재물도 뺏기 며 가산도 탕패하는 이가 많을뿐더러, 전일에 소위 당굿이라고 하는데, 그 동리에 예수교하는 네 사람 집에서는 굿하는 돈 출렴을 아니 내었더니, 남촌 병좌 김기보와 왕윤익과 공원 김희보와 최덕신 네 사람이 동리에 주장하는 사람인고로, 교하는 네 사람이 굿 돈 출렴 아니 낸 일로 못견디게 만단으로 흉계를 꾸미며, 이 교하는 네 사람의 집을 부수어 내쫓기로 한다 니. 이런 폐단과 무당, 판수의 흑세무민 하는 것을 해항 감리와 경무서에서 별반 금단하는 것이 마땅하다고들 한다더라."[16]

"마을 동리 전원이 합심하여 당굿에 출렴하지 않은 예수교 교인들을 마을에서 퇴거시키려한다"는 보도의 내용을 보면, 동 마을에 있어 당굿이 차지하고 있는 영향력의 폭을 확인시켜 주는 것과 동시에 갈등의 깊이를

---

15 「독립신문」, 1897. 5. 1., 4.
16 「독립신문」, 1897. 6. 5., 3-4.

알게 해 준다.

남촌동 지역은 2백60여 년 전부터 도당굿이라는 아주 유명한 굿이 유지되고 있었다. 이른바 경기도 도당(都堂)굿이라 불리는 이 굿은 한강 이남의 경기도에 속하는 소사, 인천, 수원, 오산, 안성과 해안 지역에서 무당이 주관해 온 마을 굿으로 6.25 한국전쟁 전까지도 제법 활발하게 지속되었다.[17] 도당굿은 살아있는 사람의 제재초복(除災招福)을 위해 부락의 수호신을 위하고, 수호신의 가호를 통해 마을 사람들의 길복과 번영을 구하는 것을 목적으로 하는 마을 굿이다. 따라서 도당굿은 마을 주민 모두의 참여로 결정되고 진행된다. 도당굿 비용은 마을 공동의 추렴으로 한다. 모든 집에서 쌀이나 돈을 내고 모자라는 것은 마을 기금으로 충당한다. 또한 외부에서 최근에 들어온 사람은 참여하지 않은 경향이 있어 도당굿은 마을에 오래 거주해 온 원주민이 중심이 되어 거행하게 된다. 매년 3년마다 10월에 거행되었다.[18]

「독립신문」 보도에서 언급하고 있는 4인이 기독교를 이유로 당굿에 참여하지 않을 수 있었던 것은 마을에서 퇴거를 각오한, 즉 마을 공동체라는 전통적 인간관계가 단절될 것까지도 감수한 결과이며, 기독교 신앙이 그만큼 강하게 형성됐다는 증거가 된다.

이와 관련한 또 다른 기록이 있다. 존스 선교사의 부인인 존스 부인은 1894년의 선교 보고에 따르면, 여성들에게 기독교를 전파하는 과정에서

---

17 황루시 편, 『경기도 도당굿』 (서울: 열화당, 1992), 88.
18 황루시 편, 앞의 책, 94-95.

체험한 이야기를 다음과 같이 적고 있다. 샤머니즘을 신봉하고 있던 한 노파가 개종하는 과정을 다룬 것이다.

"나는 우상숭배로부터 벗어나기를 간절히 바라고 있는 한 여성으로부터 '제발 자신의 집을 방문하여 사악한 악귀들의 제물들과 제구들을 걷어가 달라'는 간청을 몇 차례나 받았다. 그날도 71세 이상이나 된 그녀가 나에게 와선 '제발 자신의 집에 와서 귀신을 걷어가 달라'고 간청했다. 지난 7년 동안 그녀는 불상과 같은 것들을 세워놓고 경배를 하였는데, 그러한 그녀의 행위는 불교도들에게 엄청난 공경과 부러움의 대상이었다. 스님들도 종종 경배를 위해 그녀의 집을 방문할 정도였다. 그녀의 말은 예언과 같이 곧 이뤄졌는데, 그래서 많은 사람들이 그녀의 예언을 듣고자 값 나가는 많은 것들을 들고 그녀를 찾아왔다. 그런데 그녀는 남성 속회에 참석하고 있던 그녀의 아들로부터 기독교에 대해서 듣고, 곧 우상숭배로부터 하나님을 경배하고자 하는 열망을 갖게 되었다. 우리가 가서 그 제구들과 제물들 그리고 신줏단지를 걷어치워 버렸을 때 그녀와 그녀의 며느리가 해맑은 웃음을 지으며 얼마나 행복해 했는지 그 모습을 잊을 수 없다. 그 두 여성은 그 이후 신실한 교인이 되었다. 이처럼 우상의 속박에서 벗어난 한국의 여성들의 수가 향후에 더욱 증가할 것이다."[19]

---

19 *Annual Report of The Woman's Foreign Missionary Society of The Methodist Epoiscopal Church* (이하 *WFMS*), 1893~1894, 68.

이와 같은 사례와 함께 인천 지방에 만연하고 있던 샤머니즘에 대한 존스 선교사의 1901년의 다음 지적을 접하면, 기독교 전파를 위해 어느 정도로 샤머니즘을 적대시하고 공격적으로 대처했는지 알 수 있다. 존스 선교사는 유교와 샤머니즘이 한국인의 종교성을 형성시켰으며, 그것이 죄의식을 잃게 만들어 버림으로써 기독교인의 가장 큰 적이라고 지적하고 있다. 그래서 정복의 대상의 되었던 셈이다.

"한국은 우상숭배의 나라이다. 한국 백성은 정신, 사상, 풍습, 법, 언어에서 이교도들이다. 하나님과 정의가 그들의 사상 속엔 없다. 유교가 사람들 사이의 집단적인 윤리적 규범의 한 흐름을 형성하는 역할을 해주었는데, 사람들 사이의 겉으로 드러난 선과 도덕성을 유지시켰다. 그러나 가려진 마음의 생활에선 탐욕과 욕망이 지배하고 있다. 이것은 한국 백성을 비난 하고자 하는 의도에서 거론하는 것이 아니다. 단지 이 상태에 대해 우리의 한국 기독교인들 중 내 자신보다 더 예민하게 이 상황을 느끼는 사람들이 없기 때문에 주위를 환기시키고자 하는 것이다. 그들을 제외시키고는 아무 것도 할 수 없다."

"하나님의 지식이 널부러진 신발들, 서서히 부패하는 북어 대가리, 부적들, 깨진 단지에 대한 믿음과 숭배로 대치되어 버린 그 마음속이 오죽 답답하겠 는가. 여전이 이것들은 한국의 가정의 재택(在宅) 신이 되고 있다. 야만적인 물신들과 악한 정령들에 대한 제의인 샤머니즘이 오늘날까지 한국인의 마음을 형성시켰고 구형지었는데, 이것은 어둡고 하나님과 멀리 떨어지게 하고 음탕한 세속에 물들게 하며 급기야 죄의식을 잃게 한다. 그들은 이것을 알지 못한다. 이것이 우리 모두에게 가장 슬픈 형색이다. 인간 영혼의 주적은 인간들에게 어둠이 빛이고 악이 선이고 죄가 정의라고 가르쳤다. 이것이 그들의 죄를 고백하기 어렵게 만든다. 한 개인이 자신의 입술로 자신의 잘못을 고백할 때 죄의 고백 그 자체가 하나님에 반한 마음의 모반과 영적 범죄에 대한 어떤 인정보다도 더 큰 굴욕감을 안겨주게 된다. 한국인들의 종교와 정신세계는 영적예배의 위대한 제의와 관련되어 있지 않는데, 이것이 한국인들이 진짜 종교인 셈이다. 지난 한 해 동안 나의 관리 구역 전역에서 우상숭배와의 갈등이 있었는데, 이것은 예전보다 더욱 격렬하고 더 직접적인 것이었다."20

"영적 예배의 제의와 관련되어 있지 않은 한국인들의 종교와 정신세계가 한국인들의 진짜 종교"라는 존스 선교사의 판단 때문에, 선교 초기에 있어서 샤머니즘은 주적으로 간주되어 정복과 파괴의 대상이 되었다. 기독교 선교 초기에 존스 선교사의 이러한 태도는 교인들에게 그대로 이식되어, 교인들도 불교나 샤머니즘에 대해 적대감을 갖고 대할 수밖에 없었다고 판단한다.

1906년 인천 영종도에서 이러한 적대감을 보여주는 사건이 벌어졌는데, 이에 대해 영종도 주민들 역시 적대감으로 대립했다. 기독교의 무모한

---

20 *Official Minutes of The 17th Annual Meeting Korea Mission Methodist Epoiscopal Church* (이하 *MAKM*), 1901, 31-32.

전투성에 대한 한국인의 반응의 단면을 엿볼 수 있다.

사건의 내용은 다음과 같다. 1906년 1월 4일, 인천 영종도에서 조성우를 비롯한 예수교인 10명이 백운사에 운동 삼아 놀러 갔다가, 불상의 코를 베고 방석을 훔쳐 오는 일이 벌어졌다. 이에 1월 9일 영종도 전체에 "예수교인의 죄를 묻자"는 통문이 발송되었다. 이어 예수교인들을 잡아다 고문하는 일이 이어졌다. 1월 16일에는 교인들이 훼손한 불상이나 깔개 등을 변상하기로 다짐하면서 잠시 사건은 해결되는 듯 보였다. 그러나 약속이 지켜지지 않자, 2월 4일 마을 사람 수백 명이 전장목산에 모여 예수교인들을 불러다 재차 변상을 독촉하게 되었다. 교인들을 폭행하는 과정에서 예수교인 조성우의 6촌형 조문주가 장희길의 발에 차이는 등 구타당하였고, 2개월 후인 4월 4일 사망하게 되었다. 조문주의 죽음에 대해 그의 친척들은 구타로 인한 허리 아래 통증이 재발하여 사망한 것으로 주장한 반면, 다른 목격자들은 죽은 조문주가 인천에 갔다가 얻어온 전염병 때문이라고 언급하였다. 심지어 인천의 서양 의사가 준 약물 때문이 거나 불상의 저주라고도 하였다.[21]

백운사는 현재 인천광역시 중구 운남동 667번지에 소재하고 있는 용궁사로 확인된다. 용궁사는 신라 문무왕 10년(670년)에 원효대사가 창건 하여 백운사로 하였다고 전하나, 확실한 창건 연대는 알 수 없다. 확실한 것은 구담사로 불려 오다가 1854년 철종 5년 흥선대원군 이하응에 의해

---

21 「인천군영종도전소면치사남인조문주옥사문안」, 규21285; 김호, "검안을 통해 본 100년전 영종도의 풍경," 「기전문화연구」 (2006): 176-177.

중수되면서 용궁사(龍宮寺)로 바뀌었다. 흥선대원군은 『정감록』에 따르면 십승지지의 하나로 꼽았다고 하는 이 절에서 10년을 지내면서, 둘째 아들(고종)의 등극을 발원하였다고 한다. 용궁사에는 관음전과 요사채, 1966년에 지어진 용황각, 1944년에 지어진 칠성각이 있다. 관음전은 고종 21년(1884년)에 건립된 건물로서 안에는 본래 옥석으로 조각된 관음상이 안치되어 있었으나, 일제강점기 도난당했다고 한다. 요사채 정면에는 흥선대원군의 낙관이 찍혀 있는 용궁사 편액이 걸려 있는데, 이에는 대왕대비 조 씨를 비롯하여 혜빈 김 씨 등의 이름이 등장한다. 이로 보아서 대원군과의 인연으로 하여 왕실과 밀접한 관계를 맺고 있었던 사실을 보여준다.[22] 왕실과 직접적 관계를 갖고 있는 백운사와의 관계를 보면 영종도 주민의 입장에서 왕실에서 세운 불상을 훼손하는 것은 종교적 갈등을 넘어서 정치적 사건으로까지도 인식될 수 있었다고 판단한다.

이 사건에 대해 선교사의 보고엔 다음과 같이 한국인들의 반응이 적나라하게 드러나 있다.

"겨울 초, 교인은 아니었지만 반복된 전도에 의해 받아들일 의향을 가졌던 어떤 젊은이가 이 섬에 있는 절 중 한 곳에 가서 장난삼아 방석 2개를 가져갔다. 마을 사람들은 이것이 그들의 성스런 제단에 대한 모독이라고 배웠기 때문에 이 섬의 모든 이교도들의 안전을 도모하려고 교회에 와서 잠시

---

22 인천광역시 인하대학교 박물관, 『문화유적 분포 지도 — 인천광역시 남구, 남동구, 동구, 중구, 연수구』 (2005), 94-95.

동안 교인들에게 저주의 말을 퍼부었다. 그런데 이러한 대응이 너무 약하다고 생각했던지 곤봉을 잡아서 교인들 몇을 때렸고 그들의 구타에 한 명이 죽었다. 후에 그 죽은 사람은 교인이 아니라 교인의 친척이라고 밝혀졌다. … 개를 잡아서 그 피로 그들의 서약을 써서 보내 왔다. 그들은 기독교인들과 어떤 방식으로도 화해하지 않겠다고 했다. 그 글은 마을 우물에서 물을 긷는 것과 그들의 땅, 소금 작업 등 그들로부터 취하는 모든 것에 대해 금지하겠다는 것이었다. 그 수단은 동의를 받았는데 만일 이것이 완벽하게 수행되었다면 기독교인들은 전멸될 뻔하였다."[23]

검안에는 불상의 코를 훼손했다고 적고 있는 데 반하여, 선교사의 보고는 장난삼아 방석 2개를 가져왔다고 적고 있어 사건을 바라보는 시각 자체가 다름을 알 수 있다. 정식 교인은 아니지만 몇 번의 전도를 통해서 막 교인이 되려 했던 자가 불상을 훼손할 정도로 호기를 부린 것은 그저 혼자 저지를 수 있는 수준의 일이 아니었다. 이것은 기독교가 선교 초기에 샤머니즘과 불교를 우상숭배의 종교라고 지칭하고, 이것을 타파하기 위해 선교사들에 의해 적대감이 키워진 결과라고 판단된다. 존스 선교사는 샤머니즘과 불교에서 나타나는 우상숭배를 주적으로 간주하고 있었다. 그의 영향력 하에 있던 영종도에서 이런 사건이 나타난 것은 그러한 태도의 결과라고 보인다.

---

23 *Official Minutes of The 2nd Annual Session Korea Mission Conference Methodist Epoiscopal Church*, 1906, 37-38.

개를 잡아서 그 피로 기독교인들과는 어떤 방식으로도 화해하지 않겠다는 서약을 써서 보낼 정도로 영종도 주민은 기독교인들에게 적대감을 내보였다. 선교사 스스로도 "기독교인이 전멸될 뻔했다"는 표현을 쓸 정도면 영종도 주민들의 결의와 각오가 어떠했는지 엿보게 한다. 이것은 기독교인이 보인 적대감에 대한 반작용이라고 판단된다. 그러나 이러한 반감과 적대감은 그리 오래 지속되지 않은 듯하다. 오히려 선교의 대상이 되어버렸기 때문이다.

지금까지 기독교 선교 초기 과정에서 나타난 유교, 불교, 샤머니즘을 둘러싸고 기독교회가 보인 선교의 전투성을 살펴보았다. 유일신 신앙을 가진 기독교는 유교에 대해서는 제사 문제를 빼고는 비교적 우호적이었지만, 불교와 샤머니즘에 대해서는 적대감을 갖고 '우상 타파'라는 명목으로 전투적으로 대처한 것으로 보인다. 특히 샤머니즘에 대해서는 기독교 선교의 주적(主敵)으로 간주하고 철저하게 타파하였던 것으로 보인다. 이러한 적대감에 대해 일부 한국인들은 대립하여 갈등하기도 하였지만, 기독교를 수용해 버림으로써 그 갈등은 깊지도 그리 오래가지도 않았던 것으로 판단된다.

참고문헌

「대한크리스도인회보」
「독립신문」
「인천군영종도전소면치사남인조문주옥사문안」, 규21285.

김두헌.『한국가족제도연구』. 서울: 서울대학교출판부, 1994.
마르티나 도이힐러/이훈상 옮김.『한국사회의 유교적 변환』. 서울: 아카넷, 2005.
송영배.『중국사회사상사』. 서울: 한길사, 1988.
인천광역시 인하대학교 박물관. "문화유적분포지도 — 인천광역시 남구, 남동구, 동
　　구, 중구, 연수구." 2005.
최재석.『한국인의 사회적 성격』. 서울: 개문사, 1983.
황루시 편.『경기도 도당굿』. 서울: 열화당, 1992.

*Annual Report of The Woman's Foreign Missionary Society of The Methodist
　　Epoiscopal Church* (약칭 *WFMS*), 1893~1894.
George Herber Jones. *the Korea Mission of The Methodist Episcopal Church*. The
　　Board of Foreign Missions of The Methodist Episcopal Church, 1910.
*Official Minutes of The 2nd Annual Session Korea Mission Conference Methodist
　　Epoiscopal Church*, 1906.
*Official Minutes of The 17th Annual Meeting Korea Mission Methodist Epoiscopal
　　Church* (약칭 *MAKM*), 1901.
"The Annual Meeting of the Methodist Mission." *The Korean Repository* (약칭 *TKR*)
　　1895. 9.
W. L. Swallen, "poligamy and the church," *TKR* (1895. 7.): 289-294.

"선생님, 26년 만에 찾아뵈어
정말 죄송합니다"

지난 2020년 11월 25일, 오후 2시경 연세대학교 동문(東門)을 지나 봉원사 올라가는 사거리 길 초입에 있는 유동식 교수님 댁을 찾았다. 연신 후배이자 연신 동문회 회지 「연세코이노니아」 편집위원인 전인영 후배가 "망백(望百)을 앞두고 계신 유동식 교수님 근황을 인터뷰하기 위해 찾아뵙기로 했는데, 후배만 보내기가 그러니 집도 알려줄 겸 해서 동행해 달라"는 「코이노니아」 편집장 황건원 목사 요청이 있었기 때문이었다. 그런데 방문기까지 써보라는 요청이 이어졌다. 옛날 글들을 읽어보면 자신의 학창 시절을 회고하는 기록을 보는데, 그러한 글을 쓰게 될 줄 정말 몰랐다. 죄송한 표현이지만 세월이 야속할 따름이었다.

　근 26년 만에 유동식 교수님을 찾아뵙는다는 일이 영 죄스러운 일이었기에 흔쾌히 나설 수 없었고 망설임을 가질 수밖에 없었다. 그러나 마음 한편에선 유동식 교수님을 이렇게라도 찾아뵙는 게 그나마 다행일 수 있다는 생각이 들어 용기를 냈다. 유동식 교수님은 지팡이에 약간 의지하셨지만, 마당을 가로질러 문을 직접 열어주시며 정말 편안하게 맞아 주셨다.

"선생님 26년 만에 이제 찾아뵈어 정말 죄송합니다. 박철호 학생입니다. 알아보시겠는지요."

유동식 교수님께서 대답하셨다.

"내가 왜 철호를 몰라, 어서 들어와."

대문에 서서 선생님과 마주하고 나눈 이 짧은 대화에 어느새 26년 전으로 돌아가 있는 듯했다. 1994년 교수님을 찾아뵌 후 26년 만에 이 대문에 들어서 마당을 밟은 순간 내 기억은 1994년으로 돌아갔다.

1994년 여름 사모님께서 손수 말아 주신 스팸 한 조각이 얹힌 동치미 국수는 별미였다. 사모님께서는 꼭 스팸 한 점을 내 그릇에 더 얹어 주시곤 했다. 사모님은 2004년 하나님으로부터 부름을 받으셨고, 그때부터 교수님 은 혼자서 취사를 해결하셨는데, 이젠 직접 먹거리를 해결하는 게 쉽지 않다는 말씀을 들었을 때는 마음이 아팠다.

유동식 교수님을 처음 뵌 건, 1982년 신과대학 입학 전 대강당에서 이뤄졌던 신입생 오리엔테이션 때였다. 지금은 소천하신 천문기상학과 나일성 교수님이 별자리 이야기, 별을 보면서 꿈을 가진 이야기 그리고 "여러분은 대한민국의 1% 존재이니 그만한 책임감과 꿈을 가지라"는 취지로 말씀하신 강연 내용이 생각난다. 이후 아마도 마지막 강의 시간으로 기억하는데, 약간 희끗한 머릿결을 바람에 날리면서 검은 두루마기를 입은 도인 같은 한 분이 홀연히 눈앞에 나타나셨다. 그리고 천천히 한 호흡하시면서 피카소의 게르니카를 언급하시며 전쟁이라는 상황에서 '인간 실존'을 이야기하고, 한국인 종교 심성으로 '원형-하느님(天神) 신앙'을 말씀하셨는데, 그분이 바로 유동식 교수님이셨다. 백양로를 내려오면서 두 분 이야기가 머릿속에 맴돌았다. 지금 돌이켜 보면, 아마도 내 삶의 행로는 이때 방향이 잡히지 않았나 싶다.

지금은 신과대학이 본관 옆 아펜젤러관을 거쳐, 2005년에 세운 건물을 쓰고 있지만, 1982년에는 한경관을 사용했다. 한경관을 교수 식당으로 바꾸면서, 아펜젤러관을 신학관으로 사용했다. 신학관 입구 느티나무 아래 앉아 있으면, 가끔 유동식 교수님이 검은 두루마기를 입으시고 얼굴에는 웃음이 가득한 채 도인처럼 날아다니시는 듯한 모습을 보곤 했다. 유동식 교수님은 전공 필수 과목을 강의하지 않으셨고, 선택 과목을 강의하셨기 때문에, 신학과에 개설된 강의가 많지 않아 수강 기회가 적었던 것으로 기억한다. 그럼에도 나는 두 과목 정도 강의를 들었던 기억이 있다.

유동식 교수님과 교류는 강의실 밖에서 소위 방외(方外) 모임에서 이뤄졌다. 1980년대 초 대학생들은 동아리 등 여러 모양 독서 모임을 만들어서 토론을 하며 지냈는데, 나 역시 '서울학파'라는 명칭의 모임을 만들어서 매주 스터디를 했다. 서울학파는 이른바 '학제간 연구'라는 명목으로 여러 학과 학생이 한데 모여 공부하는 모임이었다. 서울대 학생과 연대 학생으로 이루어, 소위 프랑크푸르트학파 같은 새로운 학맥 사조를 한번 만들어 보자는 생각이었다. 또한 개인적으로 문과대학 과목 중 <철학

과 사학>, 사회학에서 <한국철학사>, <한국종교사> 등 각 학문 분야의 날줄을 세우는 공부를 우선으로 했다. 그러다 보니 졸업에 필요한 전공 필수 과목 위주로 수강했고, 나머지 학점은 다른 학과 과목을 더 듣는 모양새였다.

서울학파 학생들과 함께 유동식 교수님과 대화와 식사 시간도 갖고, 그들이 돈과 시간을 모아 유동식 교수님의 저작물을 하나도 빠뜨리지 않고 복사해서, 백과사전 4권 분량의 책자를 만들어 유동식 교수님께 헌정하기도 했다. 우리 학부 졸업은 1986년 2월인데, 유동식 교수님 퇴임이 1988년으로 정해져 있었기 때문이다.

개인적으로 유동식 교수님 저작물을 모은 그 결과가 4학년 때 졸업 논문 "1960년대 한국신학계의 토착화신학의 논쟁 정리"로 제출되었다. 졸업 논문 지도교수는 당연히 유동식 교수님이셨다. 졸업 논문 지도를 받기 위해 의무적으로 방문 기록을 남겨두도록 했는데, 그 때문에 찾아뵈면 과일과 커피를 직접 대접해 주셨다. 연구실에는 이젤에 화구가 늘 갖춰져 있었던 것으로 기억된다.

유동식 교수님의 토착화 논쟁과 풍류신학을 정리하고, 나름 완성하기 위해 나는 학부 졸업과 동시에 연합신학대학원에 입학했다. 조직신학을 전공하고 교회사를 부전공으로 했으며, 2년여 군대 공백을 채우고 1988년 복학했다. 대학원 과정에 복학하니 유동식 교수님은 퇴임하셔서, 강의를 들을 수가 없었다. 조교 생활도 할 수 없었다. "유동식의 신학사상 연구"라는 제목의 석사학위 논문을 1991년 8월에 완성했다.

학교를 퇴임한 유동식 교수님은 그사이에 『정동교회사』와 『한국감리교사』를 집필하고 계셨다. 정동제일교회 사회관에 마련된 교수님 연구실로 찾아뵈면서, 석사 논문의 완성을 위한 많은 토론이 이뤄졌다.

그때마다 교수님은 "논문이 통과 될까"라는 반문을 하셨다. 그때 그 의미가 무엇인지 잘 몰랐다. 사실 내 석사 논문은 여러 우여곡절로 통과됐다. 그 이야기를 다 할 순 없다. 다만 논문 통과가 안 된다고 해서, "철회라는 방식으로 한 학기를 쉬었고, 2번째 학기에 쓴 석사 논문 학점이 B 학점으로 매겨졌다"는 사실만 밝히고 싶다. 그리고 난 이러한 일을 겪은 이후 스스로 연세동산에서의 공부의 길을 접어야 했다. 지금 생각해 보면, '지도교수님들 판단에 한 학생이 쓴 논문이 부족해서 한 학기 더 쓰게 한 일 정도의 일이었다면', 그 시기를 훨씬 수월하게 지냈을 일이라고 여긴다. 그렇다고 해서 지금 삶의 여정을 후회하지는 않고, 다만 아쉬움이 남는다. 학위과정을 포기하지 않고 계속 공부해서 유동식 교수님 사유를 후학으로서 좀 더 발전하도록 했다면, 지금 같은 죄스러움이 덜하지 않았을까, 하는 생각이다.

그 시절 난 대학원 등록금 마련을 위해 인천에서 다니던 교회의 역사를 정리하고 있었는데, 그 교회 75년사가 1992년 10월 출간됐다. 28세에 쓴 그 책을 가져다드리니, 대견해하시면서 참 기뻐하셨다. 그에 앞서 1992년 5월에는 인천의 한 교회에서 이뤄진 결혼식 장소까지 직접 찾아오시어 기도해 주시고 축복해 주셨다. 정동제일교회에 마련된 연구실로 찾아뵐 때면 정동 배재대학 앞에 있는 식당에서 삼계탕을 주로 사 주셨다.

1994년에 출간된 『한국감리교회사』엔 제자 사랑이 담겨 있다. 내가 쓴 인천의 한 교회의 75년사에 주석에 달아 주시면서 인용해 주셨다. 굳이 그러지 않으셔도 되는데, 그렇게라도 해서 이 못난 제자를 세상에 드러내 보이시고 싶은 마음이 계신 듯해 그 각주를 보고 있으면 지금도 눈물이 난다. 공부를 더 할 것을 간접적으로 이야기하셨지만, 사실 경제 사정상 용기를 낼 수 없었다. 그리고 난 생활을 위해, 취업을 했고 더 이상 교수님을 찾아뵐 수 없었다.

이 무렵 유동식 교수님은 내게 1950년대 초에 갱지 위에 소위 가리방으로 긁어 만든 『나그네』라는 시집을 선물로 주셨다. 시집 제목을 "나그네"라고 붙인 이유를 설명해 주셨는데, 그땐 그 설명을 철학적, 낭만적, 피상적으로 느꼈다. 선생님은 일제강점기 학도병 시절과 6.25전쟁 시 생사의 길에서 겪은 인생을 실존적으로 '나그네'로 표현하셨을 텐데, 나는 그 삶을 경험해 보지 못했기 때문에 피상적으로 여긴 것이다.

그런데 내가 60세를 앞두고 그 의미를 다시 깨닫고 있다. 이른바 '해석학'이 얼마나 중요한가. 상대의 실존적 이해를 자기의 실존적 이해로 받아들이려면 그 사이에는 해석이라는 지평을 마련해야 한다. 사실 '입장 바꿔 생각해 보기'가 해석학이다. 사도 베드로가 '하늘 가는 나그네 백성'이라고 한 뜻도 이해가 가고 있다. 인생 모두는 어찌 보면 하늘 가는 나그네가 아닐까.

이 글을 쓰기 위해 국회도서관의 석박사 논문을 조회해 보니 내가 1991년 유동식 교수님의 사상 연구를 석사 논문으로 쓴 이후 3편의 석사 논문이 추가로 나왔음을 알 수 있었다. 1999년에 서강대 수도자대학원, 2004년에 천안대 기독교전문대학원, 2006년에 복원대학교 대학원 등 다양한 대학교에서 유동식 교수님 풍류신학을 연구했다. 미국 유학생 중에서 토착화신학이나 민중신학과 견주어 유동식 교수님 신학 사상을 논문 주제로 삼은 박사 논문들이 나왔다.

사실 유동식 교수님은 퇴임 이후에 '풍류신학'이라는 용어보다 '예술신학'이라는 명칭을 더 사용하고 계셨다. 해석의 대상과 사유의 폭을 더넓힌 결과가 아니실까 싶다. 다만 그렇게 함으로써 신학 사유가 희석되지 않을까 하는 우려가 있다. 은퇴 이후에 유동식 교수님은 역사 저작물을 더 많이 내시지 않으셨나 싶다. 『한국신학의 광맥』과 『하와이 한인교회 역사』, 『일본 한인 YMCA 역사』, 『정동제일교회의 역사』 등, 1994년 발간 이후 25년간 감리교회 목회자가 되기 위해 수험 과목으로 필독해야 했던 『한국감리교회사』 등 한국신학사를 '한-멋-삶'이라는 풍류신학 관점에서 서술하고 있는 역사가로서 유동식 교수님 면모는 아직 학계가 인식하지 못하고 있다고 해도 과언이 아니다.

나는 2011년 사회생활을 접고 하나님과 약속했던 약속을 이루기 위해 목회자 길로 들어섰다. 교회 개척 후 만 3년 만인 2014년 4월, 감리회에서 목사 안수를 받고 하나님과 약속을 지키고 있다. 젊어 힘 있을 때 목사가 되지 못하여 하나님의 사명(Mission)을 충실히 실행할 시간을 다 허비하고, 이젠 콩만 축내는 꾀 많은 늙은 말이 된 상태다. 지금의 목사직 수행은 중학생 시절 "목사가 될게요"라는 '약속'을 했던 그 이상 이하의 삶도 영위하지 못하고 있다. 특히 코로나19로 모든 것이 멈춘 당시에 더욱더 그 약속은 약속 이상도 이하도 아닌 듯했다.

다만 26년 만에 유동식 교수님을 다시 찾아뵈면서 내 마음속엔 그간 시간을 허비한 자책과 죄송스러움, 26년 전에 그날로 되돌아가 유동식 교수님 가르침을 정리하고 퍼트려야 한다는 책임감을 강하게 느낀다.

개인적으로 유동식 교수님께 받은 사랑을 어떻게 조금이나마 갚아드릴 수 있을까? 연세동산에서 형성하고 숙성시킨 유동식 교수님 신학 사상 정리가 연세동산에서 이뤄져야 한다고 생각함은 소아병적 발상이 아니라 사유를 형성한 그 지평을 존중하자는 판단이다.

유동식 교수님은 학교 동문 근처 자택에서 말년을 보내시다, 2022년 10월 18일에 소천하셨다. 하늘에서 풍류객으로 살고 계실 선생님이 그립다.